受験は三省堂

第2版 ケータイ
行政書士
法律用語

三省堂

◉ 調べて安心、読んで納得 !! ◉

◉ 引く辞典として !!

　本書は、行政書士試験専用の法律用語辞典です。出題科目である憲法、行政法、民法、商法・会社法、基礎法学（一部の基礎知識科目含む）のジャンルから、ぜひ習得すべき法律用語を厳選しました。

　本書冒頭に 50 音順の見出し語索引を掲載しています。そこで示されたページをめくれば、調べたい用語が見つかります。これが、「引く辞典」としての利用方法です。

◉ 読む辞典として !!

　本書では、同義語（例意見公募手続／パブリックコメント）・対義語（例債権者主義／債務者主義）・関連語（例一部事務組合／広域連合）など、ペア関係になる語をまとめて解説しているので、「読む辞典」としても、たいへん役立ちます。

　また、各見出し語の冒頭に、その語が使用される主な法分野を、憲・行・民・商・基のアイコンで示しました。学習の進度に合わせて、ジャンルを選びながら、効率的に法律用語を学ぶことができます。また、巻末には、これらのアイコンごとに用語をまとめた科目別索引も掲載しています。直前期の科目ごとの総復習にお役立てください。

　シリーズ『ケータイ行政書士』『ケータイ行政書士ミニマム六法』『ケータイ行政書士 40 字記述』『ケータイ行政書士基礎知識』とともに、本書をいつでもどこでも携帯し、学習に励んで、受験者のみなさんが見事合格の栄冠を勝ち取られることを、心よりお祈り申し上げます。

　最後に、本企画のベースとなった『ケータイ行政書士公式ガイド』の著者である水田嘉美先生に、この場を借りて心よりお礼申し上げます。

編著者　竹 井 弘 二

見出し語索引

あ

悪意	20
新しい人権	20
安全配慮義務	20

い

委員会	20
意見公募手続	20
違憲審査権	20
意見陳述	20
遺言	21
遺言執行者	21
遺言能力	21
遺産分割	21
遺産分割前の預貯金債権の行使	21
意思主義	21
意思能力	21
意思表示	21
遺贈	21
遺贈の放棄	22
委託を受けた保証人	22
委託を受けない保証人	22
一時取締役	22
一事不再議の原則	22
一事不再理の原則	22
一部事務組合	22
一物一権主義	23
一括競売	23
逸失利益	23
一般概括主義	23
一般競争入札	23
一般財産	23
一般承継	23
一般職公務員	23
一般法	24

一方的商行為	24
イニシアティブ	24
囲繞地	24
囲繞地通行権	24
委任	24
委任命令	25
違法行為の転換	25
違法性の承継	25
違約手付	31
入会権	25
遺留分	25
遺留分侵害額請求権	25
姻族	25

う

請負	26
訴えの併合	26
訴えの変更	26
訴えの利益	26
得べかりし利益	23
上乗せ規制	26
運送営業	26

え

営業譲渡	72
営業的商行為	26
営業の自由	27
永小作権	27
営造物の設置または管理の瑕疵	27
英米法	27
ADR	68
閲読の自由	27
援用	27

お

公の営造物	27

公の施設	27	瑕疵ある行政行為	32
公の秩序または善良の風俗	59	果実	32
親子関係不存在確認の訴え	112	過失責任の原則	32
及び	28	過失相殺	32
恩赦	28	瑕疵の治癒	33
		合併	33
か		合併無効の訴え	33
		家庭裁判所	33
海外渡航の自由	29	株券	33
会期	29	株式	33
会期不継続の原則	29	株式移転	34
外局	29	株式会社	34
会計監査人	29	株式買取請求権	34
会計検査院	29	株式交換	34
会計参与	29	株式交付	34
会計帳簿	29	株式譲渡自由の原則	34
外形理論	29	株主	35
外国移住の自由	29	株主総会	35
外国人の人権	30	株主代表訴訟	35
解散	80	株主提案権	35
会社の機関	30	株主平等の原則	35
会社の計算	30	株主名簿	35
会社の成立	30	株主名簿の名義書換え	35
会社の不存在	98	仮住所	81
会社分割	30	仮取締役	22
解除	30	仮の義務付け	36
解除条件	30	仮の差止め	36
解除の不可分性	31	簡易合併	36
買戻しの特約	31	簡易裁判所	36
解約手付	31	簡易の引渡し	54
下級裁判所	31	監査	36
閣議	31	監査委員	37
拡大解釈	31	監査委員会	78
拡張解釈	31	監査等委員会	37
確定期限	31	監査役	37
確認	31	監査役会	37
学問の自由	32	監視権	37
加工	134	慣習法	37
瑕疵	32	間接占有	109
瑕疵ある意思表示	32		

間接適用説	37	客観訴訟	43
間接取引	114	客観的関連共同	43
間接有限責任	38	吸収合併	43
官報	38	求償	43
元本の確定	38	教育を受ける権利	43
関与の必要最小限度の原則	38	共益権	72
関与の法定主義	38	教科書検定	43
管理権喪失制度	91	競業避止義務	43
管理行為	147	強行規定	43
管理不全土地管理人	38	教示	44
		行政機関	44

き

議院内閣制	39	行政規則	141
議員の資格に関する裁判権	39	行政救済法	44
議院の自律権	39	行政強制	44
機関設計	39	行政計画	44
機関訴訟	39	行政刑罰	44
棄却裁決	39	行政契約	45
議決権制限種類株式	40	行政権	154
議決権の代理行使	40	行政行為	45
議決事件	40	行政行為の職権取消し	45
期限	40	行政行為の撤回	45
危険責任	40	行政作用法	44
期限の定めのない債務	40	行政事件訴訟	45
危険負担	41	行政指導	46
擬似発起人	41	行政指導指針	46
既成条件	41	行政指導の中止請求	46
擬制商人	64	行政主体	46
帰責事由	41	行政上の強制執行	46
規則	41	行政上の強制徴収	46
羈束行為	41	行政上の即時強制	46
羈束裁量行為	41	行政上の秩序罰	44
規則制定権	42	行政組織法	44
寄託	42	行政庁	46
既判力	42	行政調査	47
基本的商行為	42	行政手続法	47
基本的人権	42	行政罰	47
義務付けの訴え	42	行政不服審査	47
却下裁決	39	行政不服審査会	47
		行政立法	47

供託	47	形成力	51
共通錯誤	47	刑罰不遡及の原則	51
共同遺言	47	契約	51
共同不法行為	47	契約上の地位の移転	52
共同保証	48	契約締結の自由	52
強迫による意思表示	48	契約不適合責任	52
共有	48	決議取消しの訴え	52
共有の弾力性	48	決議不存在確認の訴え	52
共有物不分割特約	48	決議無効確認の訴え	52
共有物分割	48	血族	52
許可	48	決定	129
虚偽表示	49	検閲	53
居住・移転の自由	49	現業公務員	53
居所	81	権原	53
許認可権	49	権限	53
寄与分	49	権限の委任	53
緊急事務管理	78	権限の代理	53
緊急避難	95	原告適格	53
金銭債権	49	検索の抗弁権	53
禁反言の法理	49	原始取得	54
勤労者	50	現実の提供	54
勤労の義務	49	現実の引渡し	54
		原始的不能	54
		原状回復義務	54

く

口授	50	原処分主義	54
国地方係争処理委員会	50	現存利益	55
組合契約	50	限定承認	110
グローマー拒否	105	限定列挙	55
君主主権	62	検認	55
訓令権	50	現物出資	55
		現物分割	55
		憲法	55

け

経済的自由	50	憲法改正	56
警察的規制	85	憲法改正の限界	56
形式的意味の憲法	51	憲法尊重擁護義務	56
形式的確定力	133	憲法の変遷	56
形式的当事者訴訟	51	顕名	56
刑事補償請求権	51	権利外観法理	56
形成的行為	149	権利能力	56

見出し語索引

権利能力なき社団	57	公布	61
権利能力平等の原則	57	幸福追求権	61
権利の濫用	57	公物	58
権力分立	57	抗弁権	61
		公務員	61

こ

		公務員の争議行為	61
広域連合	22	合名会社	59
行為能力	57	公用物	58
更改	57	小売市場の許可制	62
公開会社	57	国際協調主義	62
合議制	57	告示	62
公共の福祉	58	国事行為	62
公共用財産	58	国政調査権	62
公共用物	58	国籍離脱の自由	62
後見開始の審判	58	告知と聴聞の権利	62
後見監督人	58	国民主権	62
公告	58	国民審査	62
抗告	58	国務大臣の任免権	63
抗告訴訟	58	個人貸金等根保証契約	63
後国家的権利	99	個人根保証契約	63
交叉申込み	58	国会議員の総選挙	63
合資会社	59	国会単独立法の原則	63
行使上の一身専属権	59	国会中心立法の原則	63
公示の原則	59	国家賠償制度	63
公衆浴場の配置規制	59	国家無答責の原則	63
公証	31	固有の意味の憲法	64
公序良俗	59	固有の商人	64
公信力	59	雇用の自由	64
硬性憲法	59	婚姻	64
構成要件該当性	60	婚姻意思	64
拘束力	60	婚姻準正	127
公聴会	60	婚姻適齢	64
公定力	60	婚姻の取消し	64
合同会社	59	婚姻の無効	64
高等裁判所	60	混同	64
口頭の提供	54	混和	134
口頭弁論	60		
後発的不能	60		

さ

公判前整理手続	61	再議	65

罪刑法定主義	65
裁決	65
裁決主義	54
裁決の取消しの訴え	65
債権	65
債権者主義	65
債権者代位権	65
債権者代位権の転用	66
債権者遅滞	66
債権者取消権	66
債権譲渡	66
債権の相対性	67
最高裁判所	67
催告	67
催告権	67
催告の抗弁権	53
財産区	67
財産権	67
財産引受け	67
財産分与請求権	67
再審査請求	92
財政	68
財政民主主義	68
再代襲相続	68
裁断行為	68
再調査の請求	92
再入国の自由	126
裁判	68
裁判外紛争解決手続	68
裁判官	68
裁判官の身分保障	69
裁判上の請求	69
裁判を受ける権利	69
歳費受領権	69
債務	69
債務者主義	65
債務超過	69
債務の履行	69
債務引受	69

債務不履行	69
債務免除	69
裁量権の逸脱	70
裁量権の濫用	70
裁量行為	41
詐害行為	70
詐害行為取消権	66
先取特権	70
詐欺による意思表示	70
錯誤	70
錯誤による意思表示	70
差押え	71
指図による占有移転	71
差止めの訴え	71
詐術	71
詐称代理人	71
参議院の緊急集会	71
三審制	71
参政権	80
参与機関	72

し

死因贈与	21
自益権	72
敷金	72
事業譲渡	72
事業に係る債務についての保証契約の特則	72
施行	61
時効	73
時効の完成猶予	73
時効の更新	73
時効の利益の放棄	73
自己契約	73
自己決定権	73
自己の財産に対するのと同一の注意義務	100
事後法禁止の原則	51
事実行為	45

事実上の公務員の理論 73
事実的因果関係 74
使者 74
自主占有 74
事情裁決 74
事情判決 74
私人間効力 74
自然公物 74
自然人 75
自然法思想 75
思想及び良心の自由 75
下請負 75
質権 75
自治事務 75
自治紛争処理委員 50
執行機関 75
執行停止 76
執行罰 76
執行不停止の原則 76
執行命令 25
執行役 76
実子 76
実質的意味の憲法 51
実質的当事者訴訟 51
失踪宣告 76
実体法 76
指定管理者 76
指定相続分 142
指定都市 77
私的自治の原則 77
自働債権 77
支配人 77
自縛力 133
司法権 154
司法権の限界 77
司法権の独立 77
司法権の範囲 78
資本金 78
資本準備金 78
資本多数決の原則 78
事務管理 78
事務の監査請求 78
指名委員会 78
指名委員会等設置会社 79
指名競争入札 23
諮問機関 72
指紋の押捺 79
社会権 80
社会的身分 79
社外取締役 79
借地権 79
釈明処分の特則 79
社債 80
自由委任 149
集会の自由 80
衆議院の解散 80
衆議院の優越 80
自由権 80
集合債権譲渡担保 80
集合動産譲渡担保 80
重婚 81
私有財産制 81
自由裁量行為 41
住所 81
自由選択主義 81
従物 83
住民 81
住民監査請求 81
住民監査請求前置主義 81
住民自治 82
住民訴訟 82
住民の直接請求権 82
受益権 80
授益的行政行為 82
主観訴訟 43
縮小解釈 31
主権 82
授権行為 82

取材の自由	144	譲渡制限株式	86
出国の自由	126	譲渡制限種類株式	86
出生	83	譲渡担保	87
受働債権	77	商人	87
取得時効	83	承認	87
主物	83	商人間の売買	87
受領遅滞	66	消費貸借	87
種類株式	135	情報提供義務	87
種類債権	83	消滅時効	83
種類債権の特定	83	条約	87
酒類販売業の免許規制	83	証約手付	31
種類物	120	剰余金	88
準消費貸借	84	条理	88
準正	84	省令	96
準備金	84	条例	88
準法律行為的行政行為	144	職業裁判官制度	88
準用	117	職業選択の自由	88
承役地	151	職務質問	88
場屋営業者	84	所持品検査	88
常会	84	除斥期間	89
渉外事件	84	職権証拠調べ	89
商慣習	84	処分	89
商業使用人	85	処分基準	92
商業登記	85	処分性	89
消極目的規制	85	処分庁	89
承継取得	54	処分等の求め	89
条件	40	処分の取消しの訴え	89
商号	85	除名	89
商行為	85	書面でする消費貸借	89
商号自由主義	85	書面によらない贈与	90
商号単一の原則	85	書面による贈与	90
商号の譲渡	85	所有権	90
上告	86	所有者不明土地管理人	38
使用者責任	86	所有と経営の分離	90
召集	86	自力執行力	90
少数株主権	111	事理弁識能力	21
使用貸借	86	知る権利	90
承諾	86	侵害的行政行為	82
承諾の通知を必要としない契約	86	侵害留保説	90

新株予約権	90	生前贈与	95
信義誠実の原則（信義則）	91	生存権	95
信教の自由	91	正当防衛	95
親権	91	制度的保障	96
親権喪失制度	91	成年	96
親権停止制度	91	成年後見人	96
人権の対国家性	91	成年被後見人	96
人工公物	74	成文法	96
審査基準	92	成文法主義	129
審査請求	92	税務調査	96
審査請求前置主義	81	政令	96
審査請求の取下げ	92	責任財産	23
人事訴訟	93	責任能力	96
人種	93	責任を追及する訴え	35
心神喪失	93	積極目的規制	97
申請	93	接受	97
新設合併	43	摂政	97
人的担保	93	絶対的記載事項	97
信頼関係破壊理論	93	絶対的効力	97
審理員	93	絶対的自由	97
心裡留保	94	絶対的商行為	26
		絶対的平等	98

す

随意契約	23	絶対的不定期刑	98
随意条件	94	設立時取締役	98
推定する	94	設立時発行株式	98
推定相続人	94	設立無効	98
推定の及ばない子	94	善意	20
随伴性	94	善意取得	103
		先願主義	98
		選挙権	98

せ

		専決	99
請願権	94	前国家的権利	99
税関検査	94	選択債権	99
請求	95	前文	99
請求の基礎	95	占有	100
政教分離原則	95	占有回収の訴え	100
制限行為能力者	95	占有改定	100
制限選挙	136	占有訴権	100
政策的制約	125	占有保持の訴え	100

占有保全の訴え	100	損害賠償額の予定	104
善良なる管理者の注意義務（善管注意義務）	100	損失補償制度	63
		存否応答拒否	105

そ

総会検査役	101
争議行為	101
相互保証主義	101
相殺	101
相殺適状	101
造作買取請求権	101
総辞職	101
相続	101
相続回復請求権	102
相続欠格事由	102
相続順位	102
相続による権利の承継の対抗要件	102
相続分取戻権	102
相続放棄	110
相対的記載事項	97
相対的効力	97
相対的平等	98
相当因果関係	74
双方代理	73
双方的商行為	24
双務契約	103
贈与	103
創立総会	103
相隣関係	103
即時強制	103
即時取得	103
属人主義	103
属地主義	103
組織再編	104
組織変更	104
訴訟告知義務	104
訴訟要件	104
租税法律主義	104
損益相殺	104

た

代位責任説	106
第1号法定受託事務	106
代位弁済	141
大会社	106
大学の自治	106
代価弁済	116
代金分割	55
代決	99
対抗	106
第三者効	108
第三者のためにする契約	107
第三者弁済	107
胎児	107
代執行	107
代襲相続	107
代償請求権	107
対世的効力	108
代諾縁組	108
大統領制	39
第2号法定受託事務	106
代表執行役	108
代表取締役	108
代物弁済	108
代理	108
大陸法	27
代理権	108
代理権の濫用	108
代理商	108
代理占有	109
諾成契約	109
他主占有	74
建物明渡猶予制度	109
建物買取請求権	109
妥当性監査	109

他人効	109	懲罰権	113
他人物売買	109	聴聞	113
弾劾裁判所	110	聴聞調書	114
短期賃貸借	110	直接強制	114
団結権	110	直接取引	114
単元株制度	110	直接無限責任	38
単元未満株式	110	直接有限責任	38
単純承認	110	賃借権の譲渡	114
団体交渉権	110	賃貸借	114
団体行動権	110	沈黙の自由	114
団体自治	82		
単独株主権	111		
担保物権	111		

つ

		追完請求権	115
		追認	115

ち

地域自治区	111	通常損害	115
地役権	111	通信の秘密	115
遅延賠償	111	通達	115
地上権	111	通謀虚偽表示	49
父を定める訴え	111		

て

秩序罰	44	定款	115
地方公共団体	111	定型約款	115
地方公共団体の組合	112	停止条件	30
地方裁判所	112	抵当権	115
地方自治の本旨	112	抵当権者の同意により賃借権に対抗力	
地方特別法	112	を与える制度	116
嫡出子	112	抵当権消滅請求	116
嫡出否認の訴え	112	抵当権の消滅	116
中核市	77	締約代理商	116
中間配当	112	定例会	116
中間利息の控除	113	適正手続	116
仲裁	156	適法性監査	109
忠実義務	113	適用	117
抽象的審査制説	134	適用違憲	145
懲戒処分	113	撤回	123
町村総会	113	撤回権の留保	117
調停	156	手付	117
長の専決処分	113	手付流しによる解除	117
長の不信任の議決	113	手付倍返しによる解除	117

手続法	76	特別失踪	135
撤廃	117	特別受益者	121
デュープロセス条項	117	特別職公務員	23
典型契約	117	特別損害	115
典型担保物権	118	特別地方公共団体	136
転質	118	特別取締役	122
転貸	114	特別法	24
転得者	118	特別法優先の原則	122
塡補賠償	111	特別養子縁組	136
転用物訴権	118	匿名組合契約	122
		独立行政委員会	122

と

問屋営業	118	独立命令	25
党議拘束	118	都市計画	122
登記請求権	118	土地工作物責任	122
動機の錯誤	118	土地の工作物	122
動産	119	特許	48
動産質	119	届出	93
同時死亡の推定	119	取消し	123
当事者訴訟	119	取消権の留保	117
同時履行の抗弁権	119	取消訴訟	123
統制権	119	取締役	123
到達主義	119	取締役会	123
統治行為	120	取締役会設置会社	123
投票価値の平等	120	取締役会の専決事項	123
盗品または遺失物の回復	120	取締役会のみなし決議	124
特殊決議	135		

な

特殊法人	120	内縁	125
特定財産承継遺言	120	内閣	125
特定承継	23	内閣総理大臣	125
特定物	120	内閣総理大臣の異議	125
特定物債権	83	内閣府	125
独任制	57	内閣不信任決議	125
特別縁故者	121	内閣府令	96
特別会	84	内在的制約	125
特別寄与料	49	名板貸人	125
特別区	121	名板借人	125
特別決議	135	内部統制システム	126
特別裁判所	121	仲立営業	126

並びに	28
軟性憲法	59

に

二院制	126
二重の基準論	126
入国の自由	126
任意規定	43
任意代位	142
任意代理	143
任意的記載事項	97
認可	48
認可地縁団体	127
認証	127
認知	127
認知準正	127
認知請求権	127
認知の訴え	127
認容裁決	39

ね

根抵当権	127
根保証契約	127

は

媒介代理商	116
配偶者居住権	128
配偶者短期居住権	128
廃除	128
賠償分割	55
背信的悪意者	128
排他性	128
売買契約	128
発行可能株式総数	128
発信主義	119
パブリックコメント	20
判決	129
判決理由	129
反対解釈	129

反対債権	129
判例	129
判例法主義	129

ひ

被害者側の過失の法理	129
引換給付判決	130
非現業公務員	53
非公開会社（公開会社でない株式会社）	
	57
被告適格	53
非債弁済	130
被選挙権	98
非占有担保物権	130
被担保債権	130
非嫡出子（嫡出でない子）	112
必要費	130
非典型担保物権	118
1株1議決権の原則	78
1人別枠方式	131
被保佐人	146
被補助人	147
被保全債権	131
秘密選挙	131
表見支配人	131
表見相続人	131
表見代表取締役	131
表見代理	132
表現の事前抑制	132
表現の自由	132
標準処理期間	132
平等選挙	132
比例原則	132

ふ

夫婦間の契約	132
夫婦財産制	132
付加一体物	133
不確定期限	31

不可争力	133	物的担保	93
不可分債権	139	不動産	119
不可分債務	139	不動産質	119
不可分性	133	不動産の二重譲渡	137
不可変更力	133	不当利得	138
附款	133	不特定物	120
不完全履行	153	不能条件	139
復委任	133	不服申立て	138
復代理人	134	不服申立資格	138
袋地	24	不服申立適格	138
付合	134	部分社会	138
不作為	134	不文法	96
不作為の違法確認の訴え	134	不法原因給付	138
付従性	134	不法行為	139
扶助義務	139	不法条件	139
不真正連帯債務	134	扶養義務	139
付随的審査制説	134	プライバシーの権利	139
附属的商行為	26	不利益処分	139
不逮捕特権	135	分割債権	139
負担	135	分割債務	139
負担付贈与	135	分別の利益	140
普通株式	135	文民	140
普通決議	135	文理解釈	140
普通失踪	135		
普通選挙	136	**へ**	
普通地方公共団体	136	併存的債務引受	140
普通地方公共団体の長	136	平和主義	140
普通養子縁組	136	弁済	69
復帰的物権変動	136	弁済による代位	141
物権	65	弁済の提供	141
物権的請求権	136	変態設立事項	141
物権的返還請求権	137	片務契約	103
物権的妨害排除請求権	137	弁明書	141
物権的妨害予防請求権	137	弁明の機会の付与	113
物権の絶対性	67	弁論主義	141
物権変動	137		
物権法定主義	137	**ほ**	
物上代位性	137	法	141
物上保証	137	忘恩行為	141

包括承継	23	保証	146
法規命令	141	補助開始の審判	146
法源	142	補助機関	146
報告書	114	補助人	147
法実証主義	75	補正	44
報酬委員会	78	保存行為	147
報償責任	40	発起設立	147
法人	142	発起人	147
法人の人権	142		
法人法定主義	142	**ま**	
法曹一元制度	88	又は	148
法定受託事務	75		
法定相続分	142	**み**	
法定代位	142	未成年	96
法定代理	143	未成年後見人	148
法定担保物権	143	みなす	94
法定地上権	143	民衆訴訟	148
法定追認	143		
法廷でメモを取る自由	143	**む**	
法定利率	143	無権代理	148
法テラス	144	無効	123
報道の自由	144	無効等確認の訴え	148
法の解釈	144	無主物の先占	149
法の下の平等	144	無償契約	151
法律	144	無資力要件	149
法律行為	144		
法律行為的行政行為	144	**め**	
法律効果の一部除外	145	明確性の理論	149
法律上の争訟	145	明白性の原則	149
法律による行政の原理	145	命令	129
法律の留保の原則	145	命令委任	149
法律不遡及の原則	145	命令的行為	149
法令違憲	145	命令等	149
補強法則	145	免除	69
保佐開始の審判	146	免責的債務引受	140
保佐人	146	免責特権	150
募集株式	146		
募集新株予約権	146	**も**	
募集設立	147	申込み	150

目的効果基準	150
若しくは	148
持分	150
持分会社	34
勿論解釈	150
物	150
門地	150

や

約定担保物権	143
約定利率	143
薬局の適正配置規制	151

ゆ

結納	151
有益費	130
有償契約	151
有名契約	117
有利発行	151

よ

要役地	151
用益物権	151
養子	76
養子縁組	151
要式行為	152
要物契約	109
横出し規制	26
予算	152
予備費	152

り

利益準備金	78
利益相反行為	153
利益相反取引	153
離縁	153
履行遅滞	153
履行不能	153
履行補助者	153

リコール	24
離婚	154
立憲主義	154
立憲的意味の憲法	154
立法権	154
略式合併	36
流質契約	154
留置権	154
両院協議会	155
両罰規定	155
臨時会	84

る

類推解釈	155

れ

レイシオ・デシデンダイ	155
令状主義	155
例示列挙	55
レファレンダム	24
連帯債権	155
連帯債務	155
連帯の免除	156
連帯保証	156

ろ

労働基本権	156

わ

和解	156
割当自由の原則	156

あ行

民 悪意／善意 □□□
[あくい／ぜんい]

①悪意とは、ある事情を知っていること。

②善意とは、ある事情を知らないこと。「悪意」は、離婚原因のひとつである「悪意の遺棄」のように、一般用語としての悪意や害意の意味で使われることもあるが、「善意」は、法律上、一般用語としての善意や良心的という意味で使われることは、ほとんどない。

憲 新しい人権 □□□
[あたらしいじんけん]

プライバシーの権利・名誉権・肖像権・知る権利・自己決定権など、憲法に規定されていない人権のこと。

日本国憲法では、権力による規制を受けてきた権利や自由を列挙する形で、個別の人権規定を置いている。しかし、社会情勢の変化などにより憲法制定時には想定されていなかった人権侵害が生じるようになった。そこで、人権規定に掲げられていない「新しい人権」を、憲法上の権利として保障すべきと考えられている。

行 安全配慮義務 □□□
[あんぜんはいりょぎむ]

ある法律関係に基づき特別な社会的接触関係に入った当事者間において、その法律関係の付随義務として、当事者が信義則上負う義務。たとえば、国は公務員に対し、生命・健康等の危険から保護するよう配慮義務を負う。その任務懈怠による損害賠償請求権の消滅時効期間は、会計法（国の金銭債権債務の消滅時効＝5年）でなく、民法（権利行使できることを知った時から5年、権

利行使可能時から20年）が適用になる。この場合、早期決済の必要性など行政上の便宜を考慮する必要はなく、私人間（使用者・従業員）の損害賠償関係と目的・性質を異にするものではないからである。

行 委員会 □□□
[いいんかい]

地方自治法の定めにより、普通地方公共団体にその執行機関として置かれる委員または委員会。具体的には、教育委員会・選挙管理委員会・人事委員会または公平委員会・監査委員がある。

行 意見公募手続／パブリックコメント □□□
[いけんこうぼてつづき／ぱぶりっくこめんと]

意見公募手続とは、行政機関が広く一般の意見・情報を求める手続のこと。パブリックコメントともいう。命令等の案及び関連資料をあらかじめ公示し、意見の提出先及び意見提出期間を定めて行わなければならない。

憲 違憲審査権 □□□
[いけんしんさけん]

裁判所が、法律・命令・規則・処分等が憲法に適合するかしないかを決定する権限のこと。違憲審査権は、司法権の一環として具体的な争訟事件に付随して行使すべきであるとされる（付随的違憲審査制）。

行 意見陳述 □□□
[いけんちんじゅつ]

行政庁が特定の者に対して不利益処分をしようとする場合、その名宛人が当該不利益処分について意見を陳述する

こと。行政庁は、意見陳述の方法として、許認可等の取消しまたは撤回や地位の剥奪・職務の解任といった重大な効果を伴う不利益処分については聴聞を、その他の不利益処分については弁明の機会の付与を行わなければならない。

民 遺言　□□□

[いごん]

人の最終意思の表示であり、民法その他の法律が認める事項について、遺言者の死後の法律関係を定めるもの。普通の方式による遺言としては、自筆証書遺言・公正証書遺言・秘密証書遺言がある。

民 遺言執行者　□□□

[いごんしっこうしゃ]

遺言者が遺言により、その内容を実現させるために指定した者のこと。遺言執行者は、遺言の内容を実現するため、相続財産の管理その他遺言の執行に必要な一切の行為をする権利義務を有する。

民 遺言能力　□□□

[いごんのうりょく]

遺言の内容を理解し、その効果を弁識できる能力のこと。15歳に達した者は、単独で遺言することができる。ただし、遺言時に意思能力があることが必要である。

民 遺産分割　□□□

[いさんぶんかつ]

共同相続人の共有になっている遺産を分割して、各相続人の財産にすること。共同相続人は、原則として、いつでも協議で遺産の全部または一部を分割できる。そして、協議が調わないとき、または協議できないときは、家庭裁判所に分割を請求できる。

民 遺産分割前の預貯金債権の行使　□□□

[いさんぶんかつまえのよちょきんさいけんのこうし]

各共同相続人が、遺産に属する預貯金債権のうち、相続開始の時の債権額の3分の1に法定相続分を乗じた額（上限150万円）について、単独で払戻しを受けることができる権利のこと。

民 意思主義　□□□

[いししゅぎ]

当事者の意思表示だけで物権変動が生じるとする考え方。たとえば、売買契約が成立すれば、原則として所有権は直ちに移転する。契約書面や登記の有無を問わない。

民 意思能力／事理弁識能力　□□□

[いしのうりょく／じりべんしきのうりょく]

意思能力とは、自らの行為によってどのような結果が生じるかを理解できる精神能力のこと。事理弁識能力も、ほぼ同義と考えてよい。意思能力のない者が行った法律行為は、無効となる。

民 意思表示　□□□

[いしひょうじ]

一定の法的効果の発生を求める意思を外部に表示する行為のこと。契約の申込みやその承諾・契約の解除などが代表例。

民 遺贈／死因贈与　□□□

[いぞう／しいんぞうよ]

①遺贈とは、遺言によって遺産の全部または一部を相続人以外の者に贈与すること。遺贈する者を遺贈者、遺贈を受ける者を受遺者という。受遺者は、遺言者の死亡後、いつでも、

遺贈の放棄をすることができる。遺贈には、遺産の全部または一定割合を遺贈する包括遺贈と、特定の遺産を遺贈する特定遺贈がある。

②死因贈与とは、贈与者が死亡した時点で、事前に指定した財産を受贈者に贈与する契約のこと。

遺贈と死因贈与は類似しているが、遺贈は遺言者が遺言により一方的にする意思表示であるから、遺言の内容を受遺者に対して伝える必要はなく、受遺者の意思は反映されない。一方、死因贈与は契約であるため受贈者との合意が必要になり、受贈者の意思も反映できるという違いがある。

民 遺贈の放棄　□□□
[いぞうのほうき]

遺贈の受遺者が遺贈を放棄すること。遺贈の放棄は、遺言者の死亡時に遡って効力を生じる。

民 委託を受けた保証人・委託を受けない保証人　□□□
[いたくをうけたほしょうにん・いたくをうけないほしょうにん]

①委託を受けた保証人とは、債務者から委託を受けてその保証人となった者のこと。

②委託を受けない保証人とは、債務者の委託を受けずにその保証人となった者のこと。

委託を受けた保証人の場合、債権者の請求に応じて債務者の代わりに債務を弁済したときは、弁済額のほか、法定利息や回避できなかった費用その他損害賠償についても、債務者に求償できる。また、一定の場合には事前求償も可能である。

委託を受けない保証人の場合、債権者の請求に応じて債務者の代わりに債務を弁済したときは、委託を受けた保証

人よりも求償権の範囲が狭まるが、その弁済が主たる債務者の意思に反するものかどうかによっても結論が異なってくる。主たる債務者の意思に反しない保証人であれば、弁済時に主たる債務者が利益を受けた限度で求償できるのに対し、主たる債務者の意思に反する保証人については、求償時に主たる債務者が利益を受けている限度で求償できるにすぎない。

商 一時取締役／仮取締役　□□□
[いちじとりしまりやく／かりとりしまりやく]

一時取締役とは、株式会社において取締役の員数に欠員が生じた場合に、裁判所が、利害関係人の請求により、一時的に取締役としての職務を行う者として選任したもののこと。仮取締役ともいう。

憲 一事不再議の原則　□□□
[いちじふさいぎのげんそく]

一度議決された案件は、同一会期中に再審議できないとされる原則のこと。

憲 一事不再理の原則　□□□
[いちじふさいりのげんそく]

ある事件について裁判が確定した場合、同一事件について再び審理することは許されないという原則のこと。

行 一部事務組合／広域連合　□□□
[いちぶじむくみあい／こういきれんごう]

いずれも地方公共団体の組合のひとつ。ゴミ処理・消防などの行政について連携・効率化を図ろうとするもの。

①一部事務組合とは、普通地方公共団体及び特別区が事務の一部を共同処理するために設ける組合のこと。

②広域連合とは、普通地方公共団体及び特別区が、広域にわたって処理するのが適当な事務を処理するために

設けるもののこと。

民 一物一権主義 □□□
[いちぶついっけんしゅぎ]
同一の物について同一内容の物権が複数成立することはないという性質のこと。なお、ひとつの物を複数人で所有する共有は、一物一権主義の例外である。

民 一括競売 □□□
[いっかつけいばい]
抵当権の設定後、その抵当地に建物が築造された場合、抵当権者が、その建物を土地とともに競売することができる制度のこと。ただし、その優先権は、土地の代価についてのみ行使することができる。

民 逸失利益／得べかりし利益 □□□
[いっしつりえき／うべかりしりえき]
逸失利益とは、債務不履行や不法行為により、本来なら得られるべきであったにもかかわらず得られなくなったという消極的損害のこと。得べかりし利益ともいう。

行 一般概括主義 □□□
[いっぱんがいかつしゅぎ]
原則としてすべての処分・不作為について審査請求ができるという考え方。行政不服審査法は一般概括主義を原則としているが、外国人の出入国・帰化に関する処分やその不作為など、一定の事項について審査請求を許さない例外を設けている。

行 一般競争入札／指名競争入札／随意契約 □□□
[いっぱんきょうそうにゅうさつ／しめいきょうそうにゅうさつ／ずいいけいやく]
①一般競争入札とは、国や地方公共団体が締結する契約において、不特定多数の者を入札に参加させる制度のこと。
②指名競争入札とは、あらかじめ適切と認める特定多数の者を指名し、入札に参加させる制度のこと。
③随意契約とは、競争を行わず、特定の相手方を任意に選択して契約を締結する制度のこと。

民 一般財産／責任財産 □□□
[いっぱんざいさん／せきにんざいさん]
一般財産とは、抵当権などの担保の目的となっておらず、債権回収の最後の拠り所となる財産（強制執行の目的物となる財産）のこと。責任財産ともいう。

民 一般承継／包括承継／特定承継
□□□
[いっぱんしょうけい／ほうかつしょうけい／とくていしょうけい]
①一般承継または包括承継とは、ある者が他の者の権利義務を一括して承継すること。相続や会社合併による承継がこれにあたる。
②特定承継とは、ある者の特定の権利義務を他の者が承継すること。売買契約による所有権移転がこれにあたる。

憲 一般職公務員／特別職公務員
□□□
[いっぱんしょくこうむいん／とくべつしょくこうむいん]
①一般職国家公務員とは、国家公務員のうち、競争試験による採用など、国家公務員法の適用を受ける者のこと。
②特別職国家公務員とは、大臣や国会議員などの政治的な国家公務員、または、三権分立の観点や職務の性質から国家公務員法を適用することが

適当でない裁判官・裁判所職員・国会職員・自衛官などのこと。特別職国家公務員は、裁判所職員臨時措置法・国会職員法・自衛隊法などによって任用等が定められている。

基 一般法／特別法 □□□
[いっぱんほう／とくべつほう]

①**一般法**とは、広く一般を対象とする法のこと。

②**特別法**とは、特定の人や場所・事柄など範囲を限定して適用される法のこと。

両者の関係は相対的なものである。たとえば、民法は私人に対して適用される一般法であるのに対して、商法は商人に対してのみ適用される特別法にあたる。さらに、商法と貸金業法の関係では、商法が一般法、貸金業法が商法の特別法という関係になる。

特別法は、常に一般法に**優先して適用**される。

商 一方的商行為／双方的商行為
□□□
[いっぽうてきしょうこうい／そうほうてきしょうこうい]

①**一方的商行為**とは、当事者の一方にとってのみ商行為である行為のこと。

②**双方的商行為**とは、当事者双方にとって商行為である行為のこと。

たとえば、商人が営業資金を銀行から借りるのであれば、その行為は、双方的商行為である。しかし、非商人から借りるのであれば、その行為は、一方的商行為である。

憲 イニシアティブ／リコール／レファレンダム □□□
[いにしあてぃぶ／りこーる／れふぁれんだむ]

いずれも、間接民主制を補うための**直接民主制**の形態である。

①**イニシアティブ**とは、条例の制定改廃請求権、事務の監査請求権のように、議会に議題を発案すること。**国民発案**ともいう。

②**リコール**とは、議員などの公職者を任期満了前に解職する手続のこと。**国民解職**ともいう。

③**レファレンダム**とは、憲法改正や法律制定などを行う際に、直接的に国民の意思を反映させようとする制度。**国民投票・住民投票**ともいう。

民 囲繞地／袋地 □□□
[いにょうち／ふくろち]

①**囲繞地**とは、公道に通じていない土地（袋地）の周りを取り囲む土地のこと。

②**袋地**とは、他の土地（囲繞地）を通らなければ公道に出ることができない土地のこと。

民 囲繞地通行権 □□□
[いにょうちつうこうけん]

袋地の所有者が**公道**に出るために囲繞地を通行する権利のこと。ただし、通行の場所・方法は、周囲の土地にとって**最も損害の少ないもの**でなければならない。また、囲繞地の損害に対しては、**償金**を払わなければならない。

民 委任 □□□
[いにん]

高度の信頼関係に基づき、受任者に一定の事務処理を任せる契約のこと。委任契約は**諾成契約**であり、原則として**無償契約**である。特約がない限り、受任者は報酬を請求できない。受任者は、無償であっても、**善管注意義務**を負う。

行 委任命令／執行命令／独立命令 □□□

[いにんめいれい／しっこうめいれい／どく
つめいれい]

①**委任命令**とは、法律の個別具体的な
委任に基づいて法律の内容を補充・
具体化する規定を定める法規命令の
こと。
②**執行命令**とは、法律の一般的な授権に
基づいて法律を執行するための付随
的細目的規定を定める法規命令のこ
と。法律の個別具体的な授権は必要
ない。
③**独立命令**とは、法律から独立して発
せられる命令のこと。明治憲法下で
は、天皇の大権として認められてい
たが、現憲法下では許されない。

行 違法行為の転換 □□□

[いほうこういのてんかん]

行政行為に瑕疵があり、行政庁の意図
した行政行為としては違法だが、別個
の行政行為とみれば適法と考えられる
場合に、これを適法と扱うこと。

行 違法性の承継 □□□

[いほうせいのしょうけい]

先行する行政行為の瑕疵が、それを前
提としてなされる後続の行政行為の違
法事由となること。行政上の法律関係
は早期に安定させる必要があるため、
違法性の承継は、原則として認められ
ない。しかし、例外的に、先行行為と
後行行為が一連の手続を構成して一定
の法律効果の発生をめざす場合は、違
法性の承継が認められる。たとえば、
農地買収計画に瑕疵があった場合、そ
の後の農地買収処分に瑕疵がなかった
としても、違法性の承継が認められ、
農地買収処分の違法性を争うことがで
きる。

民 違約手付 □□□

[いやくてつけ]

☞解約手付／違約手付／証約手付

民 入会権 □□□

[いりあいけん]

地域の住民がその地域の山林原野を共
同で使用収益することができる権利の
こと。薪炭材・かや・草等の採取を行う。

民 遺留分 □□□

[いりゅうぶん]

兄弟姉妹以外の一定の法定相続人に最
低限保障される遺産の割合のこと。通
常の場合は、相続開始時の被相続人所
有財産の価額にその贈与した財産の価
額を加え、その額から債務全額を控除
した額の2分の1が遺留分である。た
だし、直系尊属だけが相続人の場合は、
同様に算定した額の3分の1が遺留分
となる。
遺留分は、放棄することもできる。た
だし、相続開始前に放棄するには、家
庭裁判所の許可が必要である（放棄強
要防止のため）。

民 遺留分侵害額請求権 □□□

[いりゅうぶんしんがいがくせいきゅうけん]

遺留分を侵害された法定相続人が、そ
の侵害額に相当する金銭の支払を請求
する権利のこと。あくまで金銭を請求
できるにとどまり、相続財産そのもの
を取り戻すことはできない。なお、遺
留分侵害額請求権は、行使上の一身専
属権であり、原則として代位行使でき
ない。

民 姻族 □□□

[いんぞく]

配偶者の一方と他方の血族との関係の
こと。姻族関係にあるのは、自分の配
偶者の血族（例義父母）と、自分の血

族の配偶者（例兄嫁）である。

姻族関係は、離婚によって終了する。また、夫婦の一方が死亡し、生存配偶者が姻族関係を終了させる届出をした場合にも終了する。

民 請負
[うけおい]

当事者の一方がある仕事の完成を約束し、相手方がその仕事の結果に対して報酬を与えることを約束することによって成立する契約のこと。請負の目的は「仕事の完成」にあるため、請負人は、仕事を完成しない限り、報酬を受け取ることができない。また、特約がない限り、報酬は後払いである。

行 訴えの併合
[うったえのへいごう]

取消訴訟において、原告が、口頭弁論終結前に、関連請求について訴えを追加し、併合させること。関連請求である限り、被告に対する請求の追加であっても、第三者に対する請求の追加であってもよい。

行 訴えの変更
[うったえのへんこう]

取消訴訟において、原告が、口頭弁論終結前に、請求の基礎に変更がないことを条件として、請求または請求の原因を変更すること。

行 訴えの利益
[うったえのりえき]

訴訟を維持する客観的な実益のこと。訴えの利益がないと認められる場合、訴訟を提起しても却下される。

民 得べかりし利益
[うべかりしりえき]

☞逸失利益／得べかりし利益

行 上乗せ規制／横出し規制
[うわのせきせい／よこだしきせい]

①上乗せ規制とは、条例の制定において、地域特性を考慮し、法令よりも厳しい規制をすること。

②横出し規制とは、法令よりも規制対象を広くすること。

条例の制定は、法律の範囲内でなければならず、法令に反するものであってはならないが、法令と同じ目的であっても、法令が全国一律の規制をする趣旨でなければ、条例で地域に合った規制として、上乗せ条例・横出し条例を制定することも許される。

商 運送営業
[うんそうえいぎょう]

物や人の移動を内容とする営業のこと。物品運送と旅客運送がある。物品運送の運送人は、注意を怠らなかったことを自ら証明しない限り、物の延着について損害賠償責任を負う。旅客運送の運送人は、旅客の損害について、注意を怠らなかったことを自ら証明しない限り、損害賠償責任を負い、預かった手荷物の損害について、物品運送の運送人と同一の責任を負う。

商 営業的商行為／絶対的商行為／附属的商行為
[えいぎょうてきしょうこうい／ぜったいてきしょうこうい／ふぞくてきしょうこうい]

①営業的商行為とは、営業として行われて初めて商行為となる行為のこと。電気やガスの供給・作業や労務の請負・運送・銀行取引などが、これにあたる。

②絶対的商行為とは、その性質から当然に商行為となる行為のこと。安く仕入れて高く売ること（投機購買）がその代表例である。

③附属的商行為とは、商人がその営業

のためにする行為のこと。

商 営業譲渡 □□□
[えいぎょうじょうと]
☞事業譲渡／営業譲渡

憲 営業の自由 □□□
[えいぎょうのじゆう]
職業選択の自由に含まれる概念で、選択した職業を遂行する自由のこと。

民 永小作権 □□□
[えいこさくけん]
耕作または牧畜をするために、他人の土地を使用する権利のこと。

行 営造物の設置または管理の瑕疵 □□□
[えいぞうぶつのせっちまたはかんりのかし]
営造物が通常有すべき安全性を欠き、他人に危害を及ぼす危険性のある状態のこと。これによって被害を受けた者は、国家賠償を請求できる。国または公共団体の責任は無過失責任とされる一方、担当者に責任がある場合には賠償者に求償権を認めている。

基 英米法／大陸法 □□□
[えいべいほう／たいりくほう]
①英米法とは、イギリス法及びそれを受け継いだアメリカ法の総称。英米法系の国では、判例法主義が採られ、刑法の領域でも、判例を法源とすることが認められている。
②大陸法とは、フランス・ドイツを中心とするヨーロッパ大陸諸国の法のこと。大陸法は、ローマ法の影響が強く、成文法主義を特色とする。

基 ADR □□□
[えーでぃーあーる]
☞裁判外紛争解決手続／ADR

憲 閲読の自由 □□□
[えつどくのじゆう]
出版物等を閲読する自由のこと。閲読の自由は、憲法によって保障されているが、刑事施設の規律及び秩序の維持上放置できない程度の障害を生ずる相当の蓋然性があると認められる場合には、必要かつ合理的な範囲において閲読の自由を制限できる。

民 援用 □□□
[えんよう]
時効による利益を受けるという意思を表示すること。時効の効力は、時の経過により当然に発生するものではなく、当事者が意思表示することによって初めて発生する。なお、相殺権を行使するときも、「相殺を援用する」という。

行 公の営造物 □□□
[おおやけのえいぞうぶつ]
行政主体（国・公共団体等）により、直接公の目的に供用される有体物（公物）及び物的設備のこと。人工公物（例道路・公園）だけでなく、自然公物（例河川・海浜・湖沼）も含まれる。

行 公の施設 □□□
[おおやけのしせつ]
住民の福祉を増進する目的をもって、その利用に供するための施設のこと。たとえば、普通地方公共団体が経営する簡易水道事業の施設は、公の施設である。

民 公の秩序または善良の風俗
[おおやけのちつじょまたはぜんりょうのふうぞく]
☞公序良俗／公の秩序または善良の風俗

民 **親子関係不存在確認の訴え**

［おやこかんけいふそんざいかくにんのうった
え］

☞嫡出否認の訴え／親子関係不存在確
認の訴え

基 **及び／並びに**　　　□□□

［および／ならびに］

いずれも、複数の語句を選択的に連結
する接続詞。

①「及び」は、文章中、併合的連結が
重なり、並列に段階がある場合、最
も小さな意味での併合的連結にのみ
用いられる。

②「並びに」は、それ以外の大きな意
味での併合的連結に用いられる。

たとえば、「A 及び B 並びに C」とい
う場合、A と B が同列、さらに「A・
B」と「C」が同列という扱いになる。

憲 **恩赦**　　　□□□

［おんしゃ］

すでに確定している刑事罰について、
政府が国家の刑罰権を消滅させたり軽
減させたりする制度のこと。大赦・特
赦・減刑・刑の執行の免除・復権といっ
た種類がある。恩赦の決定権は内閣に
あり、天皇は、国事行為としてその認
証を行うにすぎない。

か行

憲 海外渡航の自由　□□□
[かいがいとこうのじゆう]

海外に渡航する自由で、基本的人権の
ひとつ。憲法 22 条 2 項「外国に移住
する自由」に含まれる。ただし、在留
資格のある外国人であっても、外国に
一時旅行した後に再入国する自由は、
保障されていない。

憲 会期　□□□
[かいき]

国会が活動能力を持つ一定の期間のこ
と。国会法は、常会の会期を 150 日
間と定めている。ただし、両議院一致
の議決で、1 回だけ延長できる。

憲 会期不継続の原則　□□□
[かいきふけいぞくのげんそく]

各会期は独立しており、会期中に議決
されなかった案件は次の会期に継続さ
れないとする原則のこと。ただし、各
議院の議決で特に付託され、閉会中に
委員会で審査した案件は、後会に継続
する。

行 外局　□□□
[がいきょく]

各省庁において、内部部局からある程
度独立した権限と所掌事務を持つ庁ま
たは委員会のこと。国税庁（財務省の
外局）、観光庁（国土交通省の外局）など
がその例。

商 会計監査人　□□□
[かいけいかんさにん]

計算書類の作成が適正になされている
かどうかを監査する会社法上の機関の
こと。監査役と異なり、業務監査権限
はなく、会計監査権限のみを有する。

会計監査人は、公認会計士または監査
法人でなければならない。

憲 会計検査院　□□□
[かいけいけんさいん]

国の収入支出の決算を検査する内閣か
ら独立した行政機関のこと。内閣は、
次の年度に、国の収支決算を、会計検
査院の検査報告とともに国会に提出し
なければならない。

商 会計参与　□□□
[かいけいさんよ]

取締役と共同して計算書類等を作成す
る機関のこと。株式会社は、定款によ
って任意に会計参与を設置でき、その選
任は、株主総会の普通決議による。会
計参与は、公認会計士・監査法人・税
理士・税理士法人のいずれかでなけれ
ばならない。

商 会計帳簿　□□□
[かいけいちょうぼ]

株式会社が適時に作成しなければなら
ない帳簿のこと。会計帳簿は、閉鎖の
時から 10 年間、保存しなければなら
ない。

民 外形理論　□□□
[がいけいりろん]

被用者の職務の範囲内に属する行為と
認められるかどうかを行為の外形から
判断して、職務の範囲内と判断できる
部分について使用者に責任を負わせる
理論のこと。

憲 外国移住の自由　□□□
[がいこくいじゅうのじゆう]

基本的人権のひとつで、外国に移り住

むために海外に渡航する自由のこと。外国への定住だけでなく、長期滞在や一時的な滞在の自由をも含む。国の安全や公安上の理由など、公共の福祉による制限を受けることがある。

憲　外国人の人権　□□□
[がいこくじんのじんけん]

「憲法第3章が保障する人権は在留外国人にも及ぶか」という論点。憲法第3章の標題は「国民の権利及び義務」となっているが、①人権は人間が生まれながらにして持つ固有の権利であること、②憲法は国際協調主義を採用していることから、憲法第3章の人権規定は、性質上日本国民を対象とするものを除き、在留外国人にも等しく及ぶとされている。なお、不法入国の外国人であっても、わが国に在留する外国人には、性質上可能な限り、人権規定が適用される。

憲　解散
[かいさん]

☞衆議院の解散／解散

商　会社の機関　□□□
[かいしゃのきかん]

社団である会社に代わって意思決定や意思表示を行い、その意思決定や意思表示が会社の意思と評価される地位にある自然人または会議体のこと。会社法は、株式会社の機関として、株主総会・取締役・取締役会・会計参与・監査役・監査役会・会計監査人・監査等委員会・指名委員会などを規定している。

商　会社の計算　□□□
[かいしゃのけいさん]

会社の営む経済活動の効果を会計的に処理すること。株式会社の会計は、一般に公正妥当と認められる企業会計の慣行に従う。

商　会社の成立　□□□
[かいしゃのせいりつ]

発起人等が本店の所在地において設立の登記をすること。これによって会社が成立する。会社が成立しなかった場合、発起人が連帯して責任を負い、設立に関して支出した費用を負担する。

商　会社の不存在
[かいしゃのふそんざい]

☞設立無効／会社の不存在

商　会社分割　□□□
[かいしゃぶんかつ]

組織再編の手法のひとつで、1つの会社を2つ以上の会社に分けること。会社分割には、吸収分割（事業に関する権利義務の全部または一部を既存の会社に承継させる方法）と新設分割（新たに設立した会社に承継させる方法）がある。

民　解除　□□□
[かいじょ]

契約を一方的に破棄し、白紙に戻すこと。債務者の履行遅滞があった場合、債権者は相当の期間を定めてその履行の催告をし、その期間内に履行がないときに契約を解除することができる。また、履行不能の場合、債権者は催告をしなくとも契約を解除することができる。

民　解除条件／停止条件　□□□
[かいじょじょうけん／ていしじょうけん]

①解除条件とは、一定の事実が発生することにより法律行為の効果が消滅する場合の、その条件のこと。
②停止条件とは、一定の事実が発生することにより法律行為の効果が発生

する場合の、その条件のこと。
「受験に合格しなかったら仕送りを止める」というのが解除条件にあたり、「受験に合格したら自動車を買い与える」というのが停止条件にあたる。

民 解除の不可分性 □□□
[かいじょのふかぶんせい]
契約当事者の一方または双方が複数人である場合、解除をするには、解除する側の全員から、相手方側の全員に対して、解除の意思表示をしなければならないというルールのこと。

民 買戻しの特約 □□□
[かいもどしのとくやく]
不動産の売主が、買主が支払った代金及び契約の費用を返還することで、売買を解除できるという特約のこと。買戻しの特約は、不動産売買に限られ、また、売買契約と同時にしなければならない。「買主が支払った代金」については、当事者の合意により変更できる。買戻しの特約は、実質的には、借金の担保としての役割を果たす。

民 解約手付／違約手付／証約手付 □□□
[かいやくてつけ／いやくてつけ／しょうやくてつけ]
①解約手付とは、手付金を放棄しさえすれば無理由・無条件に契約を解除できるという性質の手付のこと。
②違約手付とは、一方が債務を履行しない場合に、相手方に無条件で没収されるという性質の手付のこと。
③証約手付とは、証拠としての機能を持つ手付のこと。
手付が交付された場合、他の性質の手付であることが明瞭でなければ、解約手付と推定される。

憲 下級裁判所 □□□
[かきゅうさいばんしょ]
最高裁判所以外の裁判所のこと。裁判所法では、高等裁判所・地方裁判所・家庭裁判所・簡易裁判所を置いている。

憲 閣議 □□□
[かくぎ]
合議制の機関である内閣が、その意思決定のために開く会議のこと。慣行上、閣議は非公開とされ、その意思決定は全員一致によるものとされている。

基 拡大解釈・拡張解釈／縮小解釈 □□□
[かくだいかいしゃく・かくちょうかいしゃく／しゅくしょうかいしゃく]
①拡大解釈とは、条文の文言の範囲内で、通常よりも広く解釈すること。拡張解釈ともいう。
②縮小解釈とは、条文の文言の範囲内で、通常よりも狭く解釈すること。
いずれも、あくまで「文言の範囲内」での解釈である点で、文言を離れた反対解釈・類推解釈と異なる。

民 確定期限／不確定期限 □□□
[かくていきげん／ふかくていきげん]
①確定期限とは、「３月９日」のように到来期が確定している期限のこと。
②不確定期限とは、「造幣局の桜が満開になるまで」というように到来期が確定していない期限のこと。

行 確認／公証 □□□
[かくにん／こうしょう]
いずれも、準法律行為的行政行為に分類される行為。
①確認とは、特定の事実または法律関係の存否について、公の権威をもって判断し、これを確定する行為のこと。当選人の決定・建築確認・恩給

の裁定・発明の特許・所得税額の決定・審査請求の裁決などが、これにあたる。

②公証とは、特定の事実または法律関係の存在を公に証明する行為で、それにより法律効果が生じることが法律上予定されているもののこと。具体例としては、選挙人名簿への登録・戸籍への記載・運転免許証の交付・弁護士登録等がある。

憲 学問の自由 □□□
[がくもんのじゆう]

憲法23条に定められた基本的人権のひとつ。学問の自由は、学問研究の自由・研究成果発表の自由・教授の自由の3つをその内容とする。なお、教授の自由は、大学等の高等教育機関の教授には認められるが、小・中・高校といった普通教育においては、①児童生徒に十分な批判能力がないこと、②全国的に一定水準の教育を確保する要請が強いことなどから、一定限度の制約を受ける。

民 加工
[かこう]

☞付合／加工／混和

民 瑕疵 □□□
[かし]

通常有すべき品質・性能・安全性などを欠いていること。キズ・欠陥のこと。民法上、詐欺・強迫による意思表示は、意思の形成過程に欠陥があるため、「瑕疵ある意思表示」とされる。また、鉄道の踏切に保安設備がない場合は、土地の工作物の設置に瑕疵があるといえる。

民 瑕疵ある意思表示 □□□
[かしあるいしひょうじ]

意思形成過程において他人から干渉を受けた結果として、完全に自由な意思決定がなされなかった意思表示のこと。詐欺・強迫による意思表示がこれにあたる。瑕疵ある意思表示は、取り消すことができる。

行 瑕疵ある行政行為 □□□
[かしあるぎょうせいこうい]

違法または公益に適合しない不当な行政行為のこと。瑕疵ある行政行為も、権限のある国家機関が正式に取り消すまでは、原則として有効である（公定力）。

民 果実 □□□
[かじつ]

物から得られる経済的利益のこと。果実には天然果実と法定果実がある。牛からとれるミルクは天然果実、賃貸駐車場から得られる賃料は法定果実である。売買契約において、買主に引き渡す前に目的物から生じた果実は、売主に帰属する。

民 過失責任の原則 □□□
[かしつせきにんのげんそく]

不法行為が成立するためには、加害者に故意または過失がなければならないという原則のこと。不法行為責任においては、その責任を追及しようとする被害者が、加害者の故意・過失を立証しなければならない。これに対し、債務不履行責任においては、その責任を免れようとする債務者が、自らの無過失を立証しなければならない。

民 過失相殺 □□□
[かしつそうさい]

債務不履行における債務者の責任の有

無や損害賠償額の算定、または不法行為における損害賠償額の算定にあたって、債権者（債務不履行）や被害者（不法行為）に過失があった場合に、裁判所がこれを考慮すること。

債務不履行の場合、債権者が損害の発生防止やその拡大防止に努める義務に違反したときは、必ず過失相殺が行われ、賠償額が減額されたり、債務者の損害賠償責任自体が否定されたりする。

これに対して、不法行為の場合は、加害者の責任の有無について被害者の過失を考慮できるわけではなく、また、被害者の過失を必ず考慮しなければならないわけでもない。賠償額の算定について被害者の過失を考慮できるにすぎない。

行 瑕疵の治癒　□□□
[かしのちゆ]

当初は行政行為に瑕疵があったが、その後の事情の変化によって欠けていた要件が実質的に充足され、あえて取り消すに値しないと考えられるに至った場合に、その行政行為を適法なものと扱うこと。たとえば、瑕疵ある招集手続によって会議を開いたが、たまたま委員全員が会議に出席し、異議なく議事に参加して議決がなされた場合、瑕疵は治癒されたとして、適法扱いされる。

商 合併　□□□
[がっぺい]

複数の会社が、契約によって1つの会社に合体すること。合併には、吸収合併と新設合併がある。株式会社と持分会社が合併することもできる。そして、存続会社（吸収合併後に存続する会社）や新設会社（新設合併により新設される会社）は、株式会社であってもよいし、

持分会社であってもよい。

商 合併無効の訴え　□□□
[がっぺいむこうのうったえ]

合併の手続に瑕疵があった場合に、合併を無効だと訴えること。合併の効力が生じた日から6か月以内であれば、各当事会社の株主、取締役、合併を承認しなかった債権者などは、合併無効の訴えを提起できる。合併を無効とする判決が確定すると、判決は第三者にも効力が及び、合併は、将来に向かって効力を失う。

基 家庭裁判所　□□□
[かていさいばんしょ]

家庭に関する事件の審判及び調停、人事訴訟（例離婚の訴え）の第一審の裁判、少年の保護事件の審判を行う下級裁判所のこと。全国に50庁設置されている。家庭裁判所の裁判は、地方裁判所と同様に、原則として1名の裁判官によって行われる。ただし、事案の性質によっては、3名の裁判官の合議制で行われる場合もある。

商 株券　□□□
[かぶけん]

株式を表示した有価証券のこと。株式会社が株券を発行するのは、定款で定めた場合だけであり、株券を発行しないのが原則である。

商 株式　□□□
[かぶしき]

株式会社の社員たる地位のこと。株式会社は、多数の人が参加できるようにするため、社員（構成員）たる地位を株式という単位に均一に細分化している。

商 株式移転

[かぶしきいてん]

☞株式交換／株式移転

商 株式会社／持分会社 ☐☐☐

[かぶしきがいしゃ／もちぶんがいしゃ]

①**株式会社**とは、株式の発行により資金を調達して運営する会社のこと。

②**持分会社**とは、出資者である社員（構成員）が持分を持つ会社のこと。

株式会社では、出資者である株主が会社を所有し、取締役等が業務を執行する（<u>所有と経営の分離</u>）。株主は、会社の債権者に対して、直接の責任を負わない（<u>間接有限責任</u>）。

これに対し、持分会社では、出資者である社員が、<u>直接業務を執行</u>する。株式会社は、社員が株式を持つのに対して、持分会社は、社員が持分を持つ。持分は、社員1人につき1個（1人1持分）だが、持分の大きさは、均一ではない。持分会社は、<u>合名会社・合資会社・合同会社</u>という3種類の会社に分類される。

商 株式買取請求権 ☐☐☐

[かぶしきかいとりせいきゅうけん]

<u>株式譲渡制限</u>の定めを設ける定款変更決議がなされた場合、<u>反対株主</u>が会社に対して所有する株式を公正な価格で買い取るよう請求する権利のこと。また、株主総会において事業の全部または重要な一部の譲渡等の決議がなされた場合にも、<u>反対株主</u>に株式買取請求権が認められている。

株式買取請求権を行使するためには、まず、議決権を行使できる株主が、株主総会に先立って会社に反対の意思を<u>通知</u>し、その上で、株主総会で<u>現実に反対</u>しなければならない。

商 株式交換／株式移転 ☐☐☐

[かぶしきこうかん／かぶしきいてん]

いずれも、完全親子会社の関係を成立させるための組織再編の手法のひとつ。

①**株式交換**とは、完全子会社となる会社（A社）の株主が持つ株式のすべてを、完全親会社となる会社（B社）に取得させ、その代わり、A社の株主にB社の株式等を交付すること。

②**株式移転**とは、ある株式会社（A社）が、新設会社（B社）を親会社として、その100%子会社となる組織再編の手法。A社の株主は、そのすべての株式をB社に移転し、B社の株式の割当てを受ける。

株式交換と株式移転の違いは、前者が既存の会社を親会社とする「吸収型」であるのに対し、後者は、新設会社を親会社とする「新設型」だという点にある。

商 株式交付 ☐☐☐

[かぶしきこうふ]

既存の会社に親子会社の関係（完全親子会社ではない）を成立させるための組織再編の手法。子会社となる会社（A社）の株主の一部であるaから、親会社となる会社（B社）がA社の株式を譲り受ける。そして、aには、その対価としてB社の株式を交付する。このことにより、A社がB社の子会社となる。このとき、A社を<u>株式交付子会社</u>、B社を<u>株式交付親会社</u>という。

商 株式譲渡自由の原則 ☐☐☐

[かぶしきじょうとじゆうのげんそく]

株主は自由に株式を譲渡できるという原則のこと。株式会社では、債権者保護を理由として、株主に<u>出資の払戻し</u>が認められていない。そのため、株主が<u>投下資本を回収</u>する方法として、自

由な株式の譲渡が認められている。

商 株主　□□□
[かぶぬし]

株式会社の<u>出資者</u>のこと。持ち株に応じて会社に対する権利を有する一方、会社債権者に対しては、株式の引受価額を限度とした<u>間接有限責任</u>しか負わない。

商 株主総会　□□□
[かぶぬしそうかい]

株式会社において、株主を構成員とする合議制の<u>最高意思決定機関</u>のこと。取締役会が設置されていない場合、株主総会は万能の機関であり、一切の事項について決議ができる。

商 株主代表訴訟／責任を追及する訴え　□□□
[かぶぬしだいひょうそしょう／せきにんをついきゅうするうったえ]

<u>株主代表訴訟</u>とは、6か月前から引き続き株式を持ち続けている株主が、会社に対して、取締役等の<u>責任を追及する訴え</u>を提起するよう請求したにもかかわらず、会社が請求後 <u>60 日</u>以内に訴えを提起しない場合に、請求を行った株主が自ら訴えを提起すること。<u>責任を追及する訴え</u>ともいう。
<u>非公開会社</u>の場合は、株主であれば、「6か月間の継続保有」の要件を満たさなくても請求できる。

商 株主提案権　□□□
[かぶぬしていあんけん]

株主が、取締役に対し、一定の事項（その株主が議決権を行使できる事項に限る）を<u>株主総会の目的</u>とするように請求することができる権利のこと。取締役会設置会社においては、原則として、総株主の議決権の <u>100 分の 1</u> 以上の議決権または <u>300 個</u>以上の議決権を <u>6 か月</u>前から引き続き保有する者に、株主提案権が認められる。

商 株主平等の原則　□□□
[かぶぬしびょうどうのげんそく]

株式会社は、株主を、所有する株式の<u>内容</u>及び<u>数</u>に応じて平等に取り扱わなければならないとする原則のこと。法が例外を認める場合を除き、株主平等の原則に反する定款の定め・株主総会の決議・取締役会の議決・取締役の業務執行行為等は、<u>無効</u>となる。

商 株主名簿　□□□
[かぶぬしめいぼ]

株主の氏名・名称、住所、持株数などを記載・記録するために、株式会社に作成が義務づけられた帳簿のこと。
株主及び債権者は、株式会社の営業時間内であれば、いつでも、請求の理由を明らかにして株主名簿の<u>閲覧</u>または<u>謄写</u>を請求できる。一方、株式会社が株主に対して通知や催告をする場合は、株主名簿に記載された住所または株主が通知した場所・連絡先宛に行えばよく、通知や催告が通常到達するであろう時に到達したとみなされる。

商 株主名簿の名義書換え　□□□
[かぶぬしめいぼのめいぎかきかえ]

<u>株式の譲渡</u>があった際に、株主名簿の名義を書き換えること。株式譲渡をしたにもかかわらず株主名簿の名義書換えを怠ると、その株式譲渡を会社に対抗できない。
また、<u>株券不発行会社</u>では、株主名簿の名義書換えが<u>第三者対抗要件</u>でもある。なお、株券発行会社においては、<u>株券の所持</u>が第三者対抗要件となる。

民 仮住所

[かりじゅうしょ]

☞住所／居所／仮住所

商 仮取締役

[かりとりしまりやく]

☞一時取締役／仮取締役

行 仮の義務付け □□□

[かりのぎむづけ]

義務付けの訴えが提起された場合、処分・裁決がなされないことによる償うことのできない損害を避けるため緊急の必要があり、かつ、本案について理由があるとみえるときに、裁判所が、申立てにより、決定で、仮に行政庁がその処分・裁決をすべき旨を命ずること。

行 仮の差止め □□□

[かりのさしとめ]

差止めの訴えが提起された場合、処分・裁決がなされることによる償うことのできない損害を避けるため緊急の必要があり、かつ、本案について理由があるとみえるときに、裁判所が、申立てにより、決定で、仮に行政庁がその処分・裁決をしてはならない旨を命ずること。

商 簡易合併／略式合併 □□□

[かんいがっぺい／りゃくしきがっぺい]

いずれも、株主総会決議を省略できる合併の類型である。

①簡易合併とは、合併対価の額が存続会社の純資産額の5分の1以下である吸収合併のこと。この場合、存続会社の株主総会決議を省略できる。ただし、消滅会社の株主総会決議は省略できない。なお、「5分の1」という割合は、定款で引き下げることができる。

②略式合併とは、存続会社が消滅会社の特別支配会社である場合の吸収合併のこと。会社Aが会社Bの総株主の議決権の10分の9以上を保有している場合、会社Aは会社Bの特別支配会社であるという。この場合、消滅会社（B）の株主総会決議を省略できる。仮に株主総会を開いても、大株主である会社Aが合併に反対するはずはなく、可決されることは明らかだからである。なお、「10分の9」という割合は、定款で引き上げることができる。

基 簡易裁判所 □□□

[かんいさいばんしょ]

軽微な事件の処理のために設けられた下級裁判所のこと。全国に438庁設置されている。訴訟の目的の価額が一定額を超えない請求に関する民事事件の第一審と、罰金以下の刑にあたる罪など一定の軽微な犯罪についての刑事事件の第一審を担当する。簡易裁判所の裁判は、1名の裁判官によって行われる。

民 簡易の引渡し

[かんいのひきわたし]

☞現実の引渡し／簡易の引渡し

商 監査 □□□

[かんさ]

職務執行が法令・定款に違反していないか（適法性監査）、また、著しく不当なものでないかをチェックし、指摘すること。なお、株式会社の監査役等の監査には、取締役の裁量的判断一般の当否をチェックすること（妥当性監査）は含まれない。

商 監査委員 □□□

[かんさいいん]

①会社法上、指名委員会等設置会社における監査委員会の構成員のこと。取締役会決議により取締役の中から選定される。監査委員の過半数は社外取締役でなければならない。

②地方自治法上、地方公共団体の財務・事務を監査する機関のこと。地方公共団体の長が、議会の同意を得て、識見を有する者と議員の中から選任する。

商 監査委員会

[かんさいいんかい]

☞指名委員会／監査委員会／報酬委員会

商 監査等委員会 □□□

[かんさとういいんかい]

監査等委員会設置会社に設置される委員会のこと。取締役の職務執行の監査のほか、株主総会に提出する会計監査人の選任・解任・不再任案の決定や、株主総会において取締役の選任・解任・辞任について意見陳述を行う権限を有する。

商 監査役 □□□

[かんさやく]

取締役や会計参与の職務執行を監査する機関のこと。取締役会設置会社や会計監査人設置会社では、原則として監査役を設置しなければならない。これに対して、監査等委員会設置会社・指名委員会等設置会社には、監査役を設置してはならない。監査等委員会・監査委員会と重複するからである。

商 監査役会 □□□

[かんさやくかい]

監査役全員で組織される合議制の機関のこと。その職務は、①監査報告の作成、②常勤監査役の選定・解職、③監査方針など監査役の職務執行に関する事項の決定の3つである。構成員は3名以上で、かつ、その過半数が社外取締役でなければならない。

行 監視権 □□□

[かんしけん]

上級庁の指揮監督権のひとつで、下級庁の事務の執行を調査したり、報告を求めたりする権限のこと。上級庁の指揮監督権には、監視権のほか、下級庁の事務遂行を事前にチェックするための許認可権、下級庁の行政内容を指示するために訓令・通達を発する訓令権などがある。

基 慣習法 □□□

[かんしゅうほう]

文書に表されない不文法のひとつ。不文法には、慣習法のほか、判例・条理（ものごとの道理）などがある。また、不文法に対して、文書に表された法のことを成文法という。

民 間接占有

[かんせつせんゆう]

☞代理占有／間接占有

憲 間接適用説 □□□

[かんせつてきようせつ]

憲法による人権保障の趣旨を、私法の一般条項の解釈を通して反映させ、間接的に憲法の効力を私人間に及ぼして適用する考え方のこと。「私法の一般条項」とは、具体的には、民法1条（信義則）や90条（公序良俗違反）、709条（不法行為）などの規定をいう。

商 間接取引

[かんせつとりひき]

☞直接取引／間接取引

商 間接有限責任／直接無限責任・直接有限責任 □□□

[かんせつゆうげんせきにん／ちょくせつむげんせきにん・ちょくせつゆうげんせきにん]

①間接有限責任とは、会社の社員（構成員）が、会社の負債について、自らが払い込んだ財産の価額の範囲内においてのみ責任を負い、会社債権者から直接弁済の請求を受けないこと。株式会社の株主、合同会社の社員の責任は、間接有限責任である。

②直接無限責任とは、会社の社員が、会社の債権者に対して、直接、負債総額全額の責任を負うこと。合名会社の社員の責任は、直接無限責任である。また、合資会社の社員の一部にも、直接無限責任社員が存在する。

③直接有限責任とは、会社の社員が、会社の債権者に対して、その出資額を限度として直接責任を負うこと。合資会社の社員の一部は、直接有限責任を負う。

基 官報 □□□

[かんぽう]

法律・政令等の制定・改正の情報や、破産・相続等の裁判内容が掲載される日刊紙。国が発行している。

民 元本の確定 □□□

[がんぽんのかくてい]

根抵当権により担保されていた不特定の元本債権の額が定まること。その後に生じる債権は、その根抵当権によって担保されなくなる。

行 関与の必要最小限度の原則 □□□

[かんよのひつようさいしょうげんどのげんそく]

地方公共団体に対する国の行政機関の関与は、目的を達成するために必要な最小限度のものでなければならないとする考え方のこと。

行 関与の法定主義 □□□

[かんよのほうていしゅぎ]

国等が普通地方公共団体の事務処理について関与できるのは、法律またはそれに基づく政令に規定がある場合だけであるとする考え方のこと。

民 管理権喪失制度

[かんりけんそうしつせいど]

☞親権喪失制度・親権停止制度／管理権喪失制度

民 管理行為

[かんりこうい]

☞保存行為／管理行為

民 管理不全土地管理人／所有者不明土地管理人 □□□

[かんりふぜんとちかんりにん／しょゆうしゃふめいとちかんりにん]

①管理不全土地管理人とは、所有者による土地の管理が不適当であることによって他人の権利または法律上保護される利益が侵害され、または侵害されるおそれがある場合において、裁判所が必要があると認めるときに、利害関係人の請求により当該土地の管理を命ずる処分を受けた者のこと。なお、建物について管理が不適当な場合には、管理不全建物管理人が選任される。

②所有者不明土地管理人とは、所有者を知ることができず、またはその所在を知ることができない土地につい

て、裁判所からその管理を命ずる処分を受けた者のこと。土地が数人の共有に属する場合にあっては、共有者を知ることができず、またはその所在を知ることができない土地の共有持分についても、同様に所有者不明土地管理人が選任される。なお、建物について所有者等が不明な場合には、所有者不明建物管理人が選任される。

憲 議院内閣制／大統領制 □□□
[ぎいんないかくせい／だいとうりょうせい]
①議院内閣制とは、行政権を担当する内閣が立法権を担当する議会の信任に基づいて構成される政治制度のこと。不完全な権力分立ともいわれる。内閣は議会に対して連帯責任を負い、議会には内閣に対する不信任決議権、内閣には議会解散権を備えることが一般的である。
②大統領制とは、国民から直接的に選出された大統領が、行政府の長として強大な権限を持つ政治制度のこと。行政権と立法権が完全に独立した厳格な権力分立の形態をとる。

憲 議員の資格に関する裁判権 □□□
[ぎいんのしかくにかんするさいばんけん]
衆参両議院が、①議員に被選挙権があるか否か、②議員が兼職を禁止されている公職に就いているか否かについて裁判をする権限のこと。
議院の裁判の結果として議員の議席を失わせるには、出席議員の3分の2以上の多数による議決が必要である。議員は、議院の裁判に不服があっても、裁判所に司法審査を求めることができない。

憲 議院の自律権 □□□
[ぎいんのじりつけん]
行政権・司法権・他の議院からの干渉を排除して、各議院が自主的に内部事項を決定できる権能のこと。各議院が単独で規則を制定できる（規則制定権）のは、議院の自律権の一環である。

商 機関設計 □□□
[きかんせっけい]
会社の機関（会社に代わって意思決定や意思表示を行う自然人または会議体）の構成方法のこと。会社法は、株式会社の機関として、株主総会・取締役・取締役会・会計参与・監査役・監査役会・会計監査人・監査等委員会・指名委員会などを用意している。

行 機関訴訟 □□□
[きかんそしょう]
行政事件訴訟のひとつで、国または公共団体の機関相互間における権限の存否またはその行使に関する紛争についての訴訟のこと。たとえば、市町村の境界に関する都道府県知事の裁定に対して関係市町村が提起する訴訟が、これにあたる。

行 棄却裁決／却下裁決／認容裁決 □□□
[ききゃくさいけつ／きゃっかさいけつ／にんようさいけつ]
①棄却裁決とは、審査請求に理由がない場合になされる裁決のこと。棄却裁決は、請求を斥け、処分の効力を維持するものである。
②却下裁決とは、審査請求が不適法な場合になされる裁決のこと。却下裁決は、請求内容当否についての審理（本案審理）を拒否し、門前払いにするものである。
③認容裁決とは、審査請求に理由があ

る場合になされる裁決のこと。認容裁決においては、処分の全部または一部を取り消すことになる。また、審査庁が処分庁またはその上級行政庁である場合は、処分を変更することもできる。ただし、審査請求人に不利益な変更は許されない。

商 議決権制限種類株式 □□□
[ぎけつけんせいげんしゅるいかぶしき]
株主総会において議決権を行使できる事項を制限された種類株式のこと。

商 議決権の代理行使 □□□
[ぎけつけんのだいりこうし]
株主が代理人によって議決権を行使すること。各地に分散している株主に広く議決権の行使を保障するため、また、株主総会の定足数を確保するために、議決権の代理行使が認められている。

行 議決事件 □□□
[ぎけつじけん]
議会の行う議決（議会の意思決定）の対象となる事項や事柄のこと。条例の制定・改廃、予算の議決、地方税の賦課徴収、条例で定める契約の締結などがその例。議決事件は地方自治法に限定列挙されているが、政令で不適当とされた法定受託事務でない限り、条例で議決事件を追加できる。

民 期限／条件 □□□
[きげん／じょうけん]
①期限とは、法律効果の発生・変更・消滅を、将来到来することが確実な事実にかからせる意思表示のこと。たとえば、自動車運転免許証に「○年○月○日まで有効」と記載されている場合、その日付は将来発生することが確実であるため、期限である。
②条件とは、法律効果の発生・変更・

消滅を、将来発生するかどうか不確実な事実にかからせる意思表示のこと。たとえば、「行政書士試験に合格したら結婚する」という場合、合格は不確実であるため、条件である。

民 危険責任／報償責任 □□□
[きけんせきにん／ほうしょうせきにん]
いずれも、使用者責任を根拠づける考え方・法理。
①危険責任とは、「危険を支配する者が責任を負うべきだ」とする考え方のこと。「従業員に危険な行為（例 車の運転）をさせているのは使用者だから、そのリスクは使用者が負え」という論理による。
②報償責任とは、「利益の存するところに損失も帰する」という考え方のこと。「従業員を使って儲けているのだから、その従業員が第三者に損害を与えたときの責任も負え」という論理による。

民 期限の定めのない債務 □□□
[きげんのさだめのないさいむ]
履行期が定められていない債務のこと。たとえば、債務不履行・不法行為に基づく損害賠償債務や、契約解除に基づく原状回復債務がこれにあたる。期限の定めのある債務の場合は、履行期到来後（この時点で履行遅滞発生）に催告をし、相当期間内になお履行されなかったときに、債権者は契約を解除できる。これに対して、期限の定めのない債務の場合は、履行の請求後、相当期間内に履行されなかったとき（この時点で履行遅滞発生）に、債権者は契約を解除できる。履行遅滞発生後に改めて催告をする必要はない。

民 危険負担 □□□
[きけんふたん]

契約後、互いの債務履行前に、一方の債務がその債務者の帰責事由によらずに履行不能となった場合、相手方に対して履行を請求できるかという問題のこと。債権者主義・債務者主義という2つの考え方がある。

商 擬似発起人 □□□
[ぎじほっきにん]

会社を募集設立する際、発起人として定款に署名はしていないが、株式引受人の募集に関する文書に設立賛助者として氏名を掲げることを承諾した者のこと。擬似発起人は発起人とみなされ、設立に関して発起人と同様の責任を負う。

民 既成条件 □□□
[きせいじょうけん]

条件付法律行為において、その法律行為を行った時点で、①すでに成就してしまっている条件、または、②すでに成就しないことが確定してしまっている条件のこと。

①の場合、その条件が停止条件であるとき（例試験に合格したら車をあげる⇨すでに合格していた）は、その法律行為は無条件（＝条件付きでない法律行為）とされ（＝自動的に車をもらえる）、その条件が解除条件であるとき（例試験に合格するまで仕送りをする⇨すでに合格していた）は、その法律行為は無効とされる（＝仕送りを続ける必要はない）。

②の場合、その条件が停止条件であるとき（例試験に合格したら車をあげる⇨すでに落ちていた）は、その法律行為は無効とされとされ（＝車はもらえない）、その条件が解除条件であるとき（例試験に合格するまで仕送りをする⇨すでに落ちていた）は、その法律行為は無条件（条

件付きでない法律行為）とされる（＝仕送りを続ける必要がある）。

商 擬制商人 □□□
[ぎせいしょうにん]

☞固有の商人／擬制商人

民 帰責事由 □□□
[きせきじゆう]

責任を負うべき理由のこと。帰責事由があるかどうかは、契約その他の債務の発生原因及び取引上の社会通念に照らして判断される。

行 規則 □□□
[きそく]

地方自治法上、地方公共団体の長が法令に反しない限度で制定するもののこと。過料を定めることもできる。

行 覊束行為／裁量行為 □□□
[きそくこうい／さいりょうこうい]

①覊束行為とは、行政庁が法律の機械的執行として行う行政行為のこと。
②裁量行為とは、行政庁が裁量的判断を加味して行う行政行為のこと。

行 覊束裁量行為／自由裁量行為 □□□
[きそくさいりょうこうい／じゆうさいりょうこうい]

①覊束裁量行為とは、行政庁が行う裁量行為のうち、通常人が共有する一般的な価値法則または日常的な経験則によって判断できるもののこと。たとえば、公衆浴場の施設が公衆衛生上不適切かどうかなどに対する判断がこれにあたる。覊束裁量行為には、裁判所の審査権が及ぶ。
②自由裁量行為とは、高度の専門技術的知識に基づく判断や政治的責任を伴った政策的判断が必要なもののこ

と。たとえば、外国人の在留許可の更新に対する判断がこれにあたる。

自由裁量行為は、司法審査になじまないため、裁判所は、裁量権の範囲内かどうか、裁量権の濫用にあたるかどうかに関してのみ審理する。

憲 規則制定権 □□□
[きそくせいていけん]

最高裁判所や衆参両議院が、他の機関の干渉を受けることなく、独自の権限で規則を制定する権利のこと。国会中心立法の原則の例外とされる。最高裁判所が制定した規則を裁判所規則、議院が制定した規則を議院規則という。

民 寄託 □□□
[きたく]

寄託者（預ける者）が物の保管を委託し、受寄者（預かる者）が承諾することによって成立する契約のこと。寄託契約が有償の場合、受寄者は善管注意義務を負うのに対し、無償の場合、受寄者は自己の物に対するのと同一の注意義務を負うにとどまる。

寄託者は、受寄者が寄託物を受け取るまで、契約を解除できる。また、書面によらない無報酬の寄託契約における受寄者は、寄託物を受け取るまで、契約を解除できる。

行 既判力 □□□
[きはんりょく]

判決が確定すると、当事者及び裁判所は、その内容と矛盾する主張や判断ができなくなるという効力のこと。紛争の蒸し返しを許さない効力である。

ただし、既判力は、自己に有利な判決と異なる内容の主張を禁じるものにすぎず、自己に不利な主張まで禁止するわけではない。そのため、処分を適法として棄却判決がなされた後であって

も、処分庁が自ら処分の違法性を認め、職権で処分を取り消すことは可能である。

商 基本的商行為 □□□
[きほんてきしょうこうい]

商人概念の基礎となる商行為のこと。基本的商行為を自己名義で営業として行う者を固有の商人という。基本的商行為には、絶対的商行為と営業的商行為がある。

憲 基本的人権 □□□
[きほんてきじんけん]

人間が生まれながらにして持っている権利（前国家的権利）のこと。ただし、現代では、人たるにふさわしい生活を送るために国家が与えるべき権利（後国家的権利）を含めて用いられる。その性質として、固有性（人間として当然に有する）・不可侵性（国家権力により侵されない）・普遍性（人種・信条・性別等により差別されない）があげられる。

行 義務付けの訴え □□□
[ぎむづけのうったえ]

行政庁が行うべき一定の処分等をしない場合に、行政庁に対して処分または裁決をするように命ずることを求める訴訟のこと。義務付けの訴えは、非申請型と申請型に分かれる。非申請型の例は、違法建築物の除去命令権の行使を求めて出訴する場合、申請型の例は、年金の給付申請を拒否された者がその給付を求めて出訴する場合である。

行 却下裁決 □□□
[きゃっかさいけつ]

☞棄却裁決／却下裁決／認容裁決

行 客観訴訟／主観訴訟 □□□
[きゃっかんそしょう／しゅかんそしょう]

①客観訴訟とは、客観的な法秩序の適法性を確保するため、法律が特別に認めた訴訟類型。個別の法律が認めた特定の者だけが原告となれる。客観訴訟には、民衆訴訟と機関訴訟の2種類がある。

②主観訴訟とは、個人の権利利益の救済を目的とし、自らに直接関係する行政活動に対する訴訟類型。主観訴訟には、抗告訴訟と当事者訴訟の2種類がある。

民 客観的関連共同 □□□
[きゃっかんてきかんれんきょうどう]

共同不法行為における「共同」の概念に対する考え方のこと。共同不法行為においては、複数の違法行為が関連共同して損害の原因となることが必要であり、各行為者が民法709条（不法行為）の要件を満たす必要がある。

商 吸収合併／新設合併 □□□
[きゅうしゅうがっぺい／しんせつがっぺい]

①吸収合併とは、1つの会社が存続し、消滅する他の会社を吸収する形式による合併のこと。

②新設合併とは、すべての会社を消滅させ、1つの新しい会社を設立する形式による合併のこと。

民 求償 □□□
[きゅうしょう]

他人のために支払等を立て替えた者が、その返還を請求すること。たとえば、主たる債務者に代わって保証人が債権者に弁済した場合、保証人は主たる債務者に求償できる。

憲 教育を受ける権利 □□□
[きょういくをうけるけんり]

憲法が定める基本的人権のひとつ。国民には自己の人格を完成・実現するために必要な学習をする固有の権利があり、自ら学習できない子どもには、自己に教育を施すように大人一般に要求する権利があるという考えに基づく。

商 共益権
[きょうえきけん]

☞自益権／共益権

憲 教科書検定 □□□
[きょうかしょけんてい]

文部科学大臣が、民間により編集された著作物について、教科書として適切かどうかを審査すること。

教科書検定の合憲性については、①教科書は学術研究結果の発表を目的とするものではないため学問の自由を侵害せず、②審査は必要かつ合理的な範囲であって、子どもが自由かつ独立の人格として成長することを妨げるものではなく、また、教師の授業における裁量を奪うものでもないため教育を受ける権利を侵害せず、③一般図書としての発行までを禁じるものではないため、検閲にはあたらないとされている。

商 競業避止義務 □□□
[きょうぎょうひしぎむ]

特定の者が行う事業と同種の事業を行わない義務。たとえば、会社の取締役は、会社の承認なくして、自己または第三者のために、会社の事業の部類に属する取引を行ってはならないという競業避止義務を負っている。

基 強行規定／任意規定 □□□
[きょうこうきてい／にんいきてい]

①強行規定とは、公の秩序に関するル

ールのこと。当事者間の合意により変更することが許されない。

②**任意規定**とは、当事者間の合意により変更することが許されるルールのこと。

行 教示／補正　□□□
[きょうじ／ほせい]

①**教示**とは、行政庁が不服申立て（審査請求・再調査の請求等）が可能な処分をする場合に、その処分の相手方に対して教えなければならない事項のこと。具体的には、①その処分につき不服申立てができる旨、②不服申立てをすべき行政庁、③不服申立てができる期間を教示しなければならない。

②**補正**とは、審査請求が不適法ではあるが、補正が可能である場合に、審査庁が申立人に対し、相当期間を定めて補正を命じること。補正命令は、審査庁の義務である。

行 行政機関　□□□
[ぎょうせいきかん]

行政主体のために、現実に事務を担当する機関（自然人）のこと。講学上、その権限に着目して、行政庁・諮問機関・参与機関・監査機関・執行機関・補助機関に分類される。国家行政組織法上の行政機関という場合は、省・庁・委員会などをいう。

行 行政規則
[ぎょうせいきそく]

☞法規命令／行政規則

行 行政救済法／行政作用法／行政組織法　□□□
[ぎょうせいきゅうさいほう／ぎょうせいさようほう／ぎょうせいそしきほう]

①**行政救済法**とは、行政に侵害された権利を救済する法律のこと。行政不服審査法・行政事件訴訟法・国家賠償法などがこれにあたる。

②**行政作用法**とは、何らかの許可・届出などについて定めた法律のこと。行政手続法・行政代執行法・国税徴収法・土地収用法などがこれにあたる。

③**行政組織法**とは、行政の組織について定めた法律のこと。国家行政組織法・内閣法・地方自治法・国家公務員法・地方公務員法などがこれにあたる。

行 行政強制　□□□
[ぎょうせいきょうせい]

将来に向けて一定の状態を実現する行政上の強制措置のこと。行政強制には、行政上の強制執行と行政上の即時強制がある。なお、過去の違反行為に対して制裁を科す行政上の強制措置は、行政罰という。

行 行政計画　□□□
[ぎょうせいけいかく]

行政目標とそれを実現するための諸施策を体系的に提示したもののこと。代表例は都市計画。

行 行政刑罰／行政上の秩序罰／秩序罰　□□□
[ぎょうせいけいばつ／ぎょうせいじょうのちつじょばつ／ちつじょばつ]

いずれも行政罰（行政上の義務違反に対する制裁として科される罰）のひとつ。

①**行政刑罰**とは、刑法に刑名のある罰のこと。

②**行政上の秩序罰**または**秩序罰**とは、過料のこと。形式的かつ軽微な行政上の義務違反に対し、秩序維持を目的として、過料という制裁を科す。各種の届出・登録・通知等の手続を

怠った場合などに科される。

行政上の秩序罰は、行政刑罰と異なり、刑罰ではない。行政上の秩序罰と行政刑罰は、併科することができる。

行 行政契約　□□□
[ぎょうせいけいやく]

行政庁が行政目的実現のために締結する契約のこと。行政契約は非権力的行為であるため、原則として法律の根拠を必要としない。また、行政契約には、原則として民法が適用される。たとえば、水道水の供給は給水契約、地方公共団体による補助金の交付は負担付贈与契約とされている。また、公共工事には、民法の請負契約の規定が適用される。

憲 行政権
[ぎょうせいけん]

☞立法権／司法権／行政権

行 行政行為／事実行為　□□□
[ぎょうせいこうい／じじつこうい]

①行政行為とは、行政目的実現のため、行政庁の一方的な判断によって、特定の国民の権利義務を具体的に決定する行為のこと。行政行為は、法律の定めに従って行わなければならず、法律の根拠を欠く行政行為は許されない。

②事実行為とは、法律上の効果を発生させない行政機関の行為のこと。法律上の根拠は必要ない。ただし、事実行為のうち、人の収容・物の留置等であって継続的性質を有するものについては、行政処分に含まれる。

行政行為の例としては、道路交通法に従ってその違反者の運転免許を取り消す処分がこれにあたる。一方、事実行為の例としては、市役所の玄関で座り込みをしている市民を市が排除する場合がこれにあたる。また、行政処分に含まれる事実行為の例としては、出入国管理法に基づく外国人の収容がある。行政処分に含まれる事実行為は、不服申立ての対象となる。

行 行政行為の職権取消し　□□□
[ぎょうせいこういのしょっけんとりけし]

瑕疵ある行政行為を行った行政庁が、職権でこれを取り消すこと。取り消された行政行為は、取消しの遡及効により、最初からなかったことになる。

行 行政行為の撤回　□□□
[ぎょうせいこういのてっかい]

いったん瑕疵なく成立したものの、その後、相手方が法律に違反したなどの事情の変化によって公益上効力を維持すべきでなくなった行政行為の効力を、将来に向かって失わせる行政行為のこと。条文上は、撤回も、通常「取消し」と表現される。

たとえば、建設業の許可を受けた者が1年以内に営業を開始しないためその許可を取り消す（撤回する）場合、当初の許可に瑕疵はないが、その後の「1年以内に営業を開始しない」という事情の変化によって許可の効力を消滅させるものである。

行 行政作用法
[ぎょうせいさようほう]

☞行政救済法／行政作用法／行政組織法

行 行政事件訴訟　□□□
[ぎょうせいじけんそしょう]

行政権の行使の適法性をめぐる紛争を解決して、国民の権利利益を救済するための訴訟手続のこと。行政事件訴訟には、抗告訴訟・当事者訴訟・民衆訴訟・機関訴訟がある。

行 行政指導 □□□
[ぎょうせいしどう]

行政機関が、その任務または所掌事務の範囲内において、一定の行政目的を実現するため特定の者に一定の作為・不作為を求める<u>指導・勧告・助言</u>その他の行為であって、処分に該当しないもののこと。

行政指導は、あくまで相手方の<u>任意の協力</u>によってのみ実現されるものであって、法的拘束力はない。逆にいえば、行政指導を行うのに法律の根拠は必要ない。

行 行政指導指針 □□□
[ぎょうせいしどうししん]

同一の行政目的実現のため、一定の条件に該当する複数の者に対して行政指導をする場合に、<u>共通の内容</u>となるべき事項のこと。行政指導指針の制定には、原則として<u>意見公募手続</u>が必要である。

行 行政指導の中止請求 □□□
[ぎょうせいしどうのちゅうしせいきゅう]

行政指導が<u>法律の要件</u>に適合しないと思われる場合、相手方が行政機関に対し、申出書を提出して、行政指導の中止を求めること。

行 行政主体 □□□
[ぎょうせいしゅたい]

行政を行う権利と義務を持ち、自己の名と責任で行政を行う団体のこと。代表例には、<u>国</u>と<u>地方公共団体</u>のほか、公共組合や独立行政法人などの事業団体がある。

行 行政上の強制執行 □□□
[ぎょうせいじょうのきょうせいしっこう]

法令や行政行為によって命じられた義務を国民が履行しない場合、義務の履行を確保するために、行政権が国民の身体・財産等に<u>有形力</u>を行使すること。行政上の強制執行には、<u>代執行・執行罰・直接強制・行政上の強制徴収</u>がある。

行 行政上の強制徴収 □□□
[ぎょうせいじょうのきょうせいちょうしゅう]

義務者が行政上の<u>金銭給付義務</u>を履行しない場合に、行政庁が強制手段によって義務が履行されたのと同じ結果を実現すること。<u>国税徴収法</u>が、行政上の強制徴収について定めている。

行 行政上の即時強制 □□□
[ぎょうせいじょうのそくじきょうせい]

<u>緊急の必要性</u>がある場合に、あらかじめ国民に義務を課すことなく、いきなり行政機関が国民の身体や財産に実力を加え、行政上の必要な状態を作り出す作用のこと。代表例は、消火活動のための家屋等への立入りである。火災の発生現場で、消防士が延焼の危険のある近隣の家屋を破壊して延焼を防止する行為は、即時強制である。

行 行政上の秩序罰
[ぎょうせいじょうのちつじょばつ]

☞行政刑罰／行政上の秩序罰／秩序罰

行 行政組織法
[ぎょうせいそしきほう]

☞行政救済法／行政作用法／行政組織法

行 行政庁 □□□
[ぎょうせいちょう]

行政主体の意思を決定し、外部に表示する権限を持つ行政機関のこと。行政庁は、<u>各省大臣・都道府県知事・市町村長</u>のように、1人の自然人からなる<u>独任制</u>が原則だが、<u>内閣</u>や<u>公安委員会</u>

のような複数の自然人からなる合議制の例外もある。

行 行政調査　□□□
[ぎょうせいちょうさ]

行政機関が行政目的を達成するために必要な資料を収集する行為のこと。税務調査や、食品衛生法に基づき保健所職員が飲食店に対して行う調査などがこれにあたる。行政調査にかかわる手続については、行政手続法が適用されないのが一般である。

行 行政手続法　□□□
[ぎょうせいてつづきほう]

行政運営の公正を確保するとともに、その透明性を向上させて、国民の権利利益を保護することを目的とする法律のこと。行政手続法は一般法であって、他の法律に特別の定めがある場合には、その定めによる。

行 行政罰　□□□
[ぎょうせいばつ]

一般統治権に基づき、行政上の義務違反に対する制裁として科される罰のこと。行政罰には、刑法に刑名のある行政刑罰と、過料という行政上の秩序罰がある。

行 行政不服審査　□□□
[ぎょうせいふふくしんさ]

行政庁の違法または不当な公権力の行使の是正を求めて、行政機関に対して不服を申し立てる手続のこと。不服申立方法には、①審査請求、②再調査の請求、③再審査請求がある。

行 行政不服審査会　□□□
[ぎょうせいふふくしんさかい]

審査請求に対する審理員意見書の提出を受けた審査庁が主任の大臣・宮内庁長官等である場合に、その諮問を受ける機関のこと。

行 行政立法　□□□
[ぎょうせいりっぽう]

行政機関が定立する一般的な法規範のこと。行政立法には、法規命令（国民の権利義務に直接関わるもの）と行政規則（行政組織の内部規範）がある。前者の代表例は政令・内閣府令・省令、後者の代表例は訓令・通達。

民 供託　□□□
[きょうたく]

供託所に金銭等を預けること。債権者が弁済の受領を拒んだときなどに、弁済すべき金銭を供託すると、債務者は履行遅滞の責任を免れることができる。

民 共通錯誤　□□□
[きょうつうさくご]

表意者と相手方の双方に同じ勘違いが生じている場合のこと。この場合、表意者に重過失があっても、錯誤取消しを主張することができる。

民 共同遺言　□□□
[きょうどういごん]

複数の者が同一の証書で遺言をすること。共同遺言は、民法によって禁止されている。夫婦であっても、共同遺言は許されない。

民 共同不法行為　□□□
[きょうどうふほうこうい]

複数の者の共同によってなされる不法行為のこと。共同した各人が、全損害について、連帯して賠償義務を負う。

民 共同保証

[きょうどうほしょう]

複数の者が同一の主たる債務について保証債務を負うこと。共同保証人は、原則として、平等な割合で分割された額についてのみ保証債務を負う（分別の利益）。たとえば、100万円の主たる債務について、共同保証人が2人いる場合、各保証人は50万円ずつの保証債務を負えばよい。

民 強迫による意思表示

[きょうはくによるいしひょうじ]

強迫されてやむを得ず行う意思表示のこと。強迫による意思表示も一応有効だが、表意者などに取消権が与えられている。強迫による意思表示は、詐欺の場合と異なり、強迫を行った者が誰であるかにかかわらず、無条件に取り消すことができる。

民 共有

[きょうゆう]

複数の者が1つの物の上に均質な支配権を及ぼす状態のこと。共有者が共有物の上に持つ権利を持分といい、持分は各共有者とも同じと推定される。各共有者は、共有物の全部について、持分に応じた使用をすることができる。各共有者は、いつでも共有物の分割請求ができる。

民 共有の弾力性

[きょうゆうのだんりょくせい]

共有持分の放棄などによって共有者が減ると、他の共有者の持分が拡大する性質のこと。民法は、「共有者の1人が、その持分を放棄したとき（中略）、その持分は、他の共有者に帰属する」と定めている。これが共有の弾力性である。

民 共有物分割

[きょうゆうぶつぶんかつ]

各共有者の単独所有とするため、共有物を分割すること。現物分割・代金分割・賠償分割の3種類がある。

民 共有物不分割特約

[きょうゆうぶつぶんかつとくやく]

各共有者間で、共有物を分割しない旨の契約をすること。5年以内の不分割特約は有効とされる。不分割特約は更新できるが、その期間も更新時から5年を超えることができない。

行 許可／認可／特許

[きょか／にんか／とっきょ]

いずれも、法律行為的行政行為に分類される行為。

①許可とは、国民が本来持っている自由に対して法令や行政行為が課している一般的な禁止を解除し、その自由を回復させる行為のこと。具体例として、飲食店の営業許可・風俗営業の許可・公衆浴場の許可・火薬類輸入の許可・医師の免許・自動車の運転免許などがあげられる。行政庁は、法定の拒否事由にあたらない限り、許可を拒むことができない。

②認可とは、第三者の法律行為を補充して、その法律上の効果を完成させる行為のこと。農地の権利移転の許可・土地改良区の設立許可・ガスの供給約款の認可・銀行同士の合併の認可・公共料金の値上げの認可などがこれにあたる。認可については、行政庁に広い裁量が認められている。

③特許とは、国民が本来持っていない新たな法律上の力・地位を特定の人に付与する行為のこと。鉱業権設定の許可・公有水面埋立免許・河川法に基づく土地の占用許可・公務員の任命などが、この例である。特許に

は行政庁に広い裁量が与えられているが、裁量権を逸脱・濫用した場合は、違法となる。

これらの用語は、学問上のものと法文上のものが異なるケースが多々ある点に注意が必要である。たとえば、特許法上の「発明の特許」は、学問的には、準法律行為的行政行為のひとつである確認に分類される。

民 虚偽表示／通謀虚偽表示 □□□
[きょぎひょうじ／つうぼうきょぎひょうじ]

虚偽表示とは、相手方と通じて真意でない意思表示をすること。通謀虚偽表示ともいう。典型例は仮装譲渡。虚偽表示は、当事者双方とも法律効果の発生を望んでいないため、無効である。ただし、善意の第三者に対抗できない。

憲 居住・移転の自由 □□□
[きょじゅう・いてんのじゆう]

自らの住所・居所を決定したり、別の場所に移動したりする自由のこと。国内旅行をする自由も含まれる。

民 居所
[きょしょ]

☞住所／居所／仮住所

行 許認可権 □□□
[きょにんかけん]

上級庁の指揮監督権のひとつで、下級庁の事務遂行を事前にチェックするための権限のこと。

民 寄与分／特別寄与料 □□□
[きよぶん／とくべつきよりょう]

①寄与分とは、共同相続人の中で被相続人の財産形成に特別の寄与をした者が、本来の相続分を超える額の財産を取得すること。

②特別寄与料とは、被相続人の相続人

以外の親族が、被相続人に対して無償で療養看護その他の労務の提供をしたことにより被相続人の財産の維持・増加について特別の寄与をした場合に、相続開始後、相続人に対して支払を請求できる金銭のこと。

寄与分は、特定の相続人の相続分を増やす制度であるのに対して、特別寄与料は、相続人以外の親族に金銭支払請求権を与える制度である。

民 緊急事務管理
[きんきゅうじむかんり]

☞事務管理／緊急事務管理

民 緊急避難
[きんきゅうひなん]

☞正当防衛／緊急避難

民 金銭債権 □□□
[きんせんさいけん]

一定額の金銭の支払を目的とする債権のこと。売買代金の支払請求権や貸金の返還請求権が、これにあたる。金銭にはまったく個性がないこと、市場に尽きることがなく常に調達可能であることから、金銭債務が履行不能に陥ることはないとされている。

基 禁反言の法理 □□□
[きんはんげんのほうり]

人が自由意志に基づいて行った自らの行為に反する主張をすることは許されないとする考え方のこと。たとえば、債務を承認していながら後になって消滅時効を主張するなど、自らの言動と矛盾する言動は認められない。

憲 勤労の義務 □□□
[きんろうのぎむ]

日本国憲法で定められた国民の義務のひとつ。すべて国民は、勤労の権利を

有し、義務を負うとされる。

憲 勤労者 □□□

[きんろうしゃ]

労働力を提供して対価を得て生活をする者のこと。公務員も勤労者に含まれる。

民 口授 □□□

[くじゅ]

遺言の内容を口頭で述べること。公正証書遺言の作成にあたって、遺言者が遺言の趣旨を公証人に口授する場合、公証人の質問に対して肯定・否定の挙動を示す行為は、口授とはいえない。

行 国地方係争処理委員会／自治紛争処理委員 □□□

[くにちほうけいそうしょりいいんかい／じちふんそうしょりいいん]

①国地方係争処理委員会とは、国の関与（公権力の行使にあたるもの）や国の不作為または国・地方公共団体間の協議に不服がある場合に、普通地方公共団体の執行機関（長等）が文書で審査の申出をする相手先のこと。また、国の行政庁が公権力の行使（例申請等に対する許可）を相当の期間内にしないことについて不服がある場合も、同じように審査の申出ができる。国地方係争処理委員会は、その申出に理由があると認める場合には、行政庁に対して必要な措置を講ずるように勧告できる。

②自治紛争処理委員とは、都道府県が市町村に対して行った関与（例是正要求）や都道府県の不作為または都道府県との協議に不服がある場合に、市町村の長等の執行機関が審査の申出ができる機関のこと。

国に対して普通地方公共団体の長（執行機関）が審査の申出をする相手が国地方係争処理委員会であり、都道府県に対して市町村長（執行機関）が審査の申出をする相手が自治紛争処理委員である。いずれの場合も、審査結果に不服がある場合は、高等裁判所に取消訴訟または不作為の違法確認訴訟を提起できる。

民 組合契約 □□□

[くみあいけいやく]

各当事者（例複数の企業）が出資して共同の事業を営むことを約束する契約のこと。組合の業務は、原則として、組合員の過半数をもって決し、各組合員が執行する。ただし、契約で業務執行者を定めることもできる。組合の財産は、総組合員の共有（合有）となる。組合員は、原則として任意に脱退できる一方、組合員全員の同意または契約により、新規の組合員を加入させることもできる。

行 グローマー拒否

[ぐろーまーきょひ]

☞存否応答拒否／グローマー拒否

憲 君主主権

[くんしゅしゅけん]

☞国民主権／君主主権

行 訓令権 □□□

[くんれいけん]

上級庁の指揮監督権のひとつで、下級庁の行政内容を指示するために訓令・通達を発する権限のこと。訓令権に基づいて、上級庁は、明文の規定がなくても不当な処分の取消しや停止を要求できる。

憲 経済的自由 □□□

[けいざいてきじゆう]

自由な経済活動を保障する権利のこ

と。職業選択の自由や財産権の保障がこれにあたる。

憲 警察的規制
［けいさつてきせい］
☞消極目的規制／警察的規制

憲 形式的意味の憲法／実質的意味の憲法 □□□
［けいしきてきいみのけんぽう／じっしつてきいみのけんぽう］
①形式的意味の憲法とは、「憲法」という名称の付いている成文の法典のこと。
②実質的意味の憲法とは、法の内容に着目し、国家の統治の基本を定めた法のこと。

行 形式的確定力
［けいしきてきかくていりょく］
☞不可争力／形式的確定力

行 形式的当事者訴訟／実質的当事者訴訟 □□□
［けいしきてきとうじしゃそしょう／じっしつてきとうじしゃそしょう］
①形式的当事者訴訟とは、処分または裁決に関する訴訟のうち、法令が、処分等によって確認または形成された法律関係の一方当事者を被告とすると定めている訴訟のこと。具体例としては、土地所有者が起業者（公共事業の施行者）に対して提起する土地収用の補償金額増額請求訴訟がこれにあたる。
②実質的当事者訴訟とは、公法上の法律関係に関する確認の訴えその他の公法上の法律関係に関する訴訟のこと。対象が公法上の法律関係というだけで、実質的には民事訴訟と変わりなく、国民と国・公共団体が対等な立場で争う。日本国籍の確認の訴

えや損失補償金の増額請求訴訟などが、実質的当事者訴訟の例である。

行 形成的行為
［けいせいてきこうい］
☞命令的行為／形成的行為

憲 刑事補償請求権 □□□
［けいじほしょうせいきゅうけん］
抑留・拘禁された後、無罪の裁判を受けた者が、国に対して補償を求める権利のこと。刑事補償法により具体化されている。国の故意・過失の有無にかかわらず補償を受けることができる。

行 形成力 □□□
［けいせいりょく］
法律関係を変動させる効力のこと。たとえば、取消訴訟における認容判決によって裁判所が処分を取り消した場合、処分の効力は遡及的に消滅し、その処分は当初からなかったことになる。そのため、行政庁が改めて処分を取り消す必要はない。

憲 刑罰不遡及の原則／事後法禁止の原則 □□□
［けいばつふそきゅうのげんそく／じごほうきんしのげんそく］
刑罰不遡及の原則とは、実行時に適法であった行為を事後の法律で違法とし、遡って処罰することはできないとする原則のこと。事後法禁止の原則ともいう。

民 契約 □□□
［けいやく］
当事者間の意思が合致することで成立し、当事者間に法律関係を生じさせるもののこと。強行規定に違反しない限り、その内容は当事者が自由に定めることができる（契約自由の原則）。

民 契約上の地位の移転

[けいやくじょうのちいのいてん]

契約の当事者の一方が、第三者との間で、その契約上の地位をまるごと譲渡する旨の合意をすること。

たとえば、債権譲渡の場合、債権だけは第三者に移転するが、当事者としての地位をまるごと譲り受けるわけではないため、第三者が当事者の有する解除権や取消権を行使できるわけではない。契約上の地位の移転は、それを可能にする。

契約上の地位を移転するには、その契約の相手方の承諾が必要である。ただし、不動産の賃貸人たる地位の移転は、賃借人の承諾を必要としない。

民 契約締結の自由

[けいやくていけつのじゆう]

法令に特別の定めがない限り、誰でも、契約をするかどうか、どのような内容の契約をするかを自由に決定することができるという考え方のこと。

民 契約不適合責任

[けいやくふてきごうせきにん]

引き渡された目的物が種類・品質・数量に関して契約の内容に適合しない場合、または、売主が買主に移転した権利が契約の内容に適合しない場合に、売主が買主に対して負う責任のこと。債務不履行責任の一種である。買主には、①追完請求権（修補・代替物引渡し・不足分補填）、②代金減額請求権、③契約解除権、④損害賠償請求権が認められる。ただし、種類・品質に関する契約不適合の場合は、売主に悪意または重過失がある場合を除き、買主がそれを知った時から1年以内に通知する必要がある。

商 決議取消しの訴え

[けつぎとりけしのうったえ]

株主総会において、①招集手続・決議方法が法令・定款に違反し、または著しく不公正な場合、②決議の内容が定款に違反する場合、または、③特別利害関係人が議決権を行使したことによって著しく不当な決議がなされた場合に、その決議の取消しを求める訴えのこと。決議取消しの訴えは、決議の日から3か月以内に提起しなければならない。

商 決議不存在確認の訴え

[けつぎふそんざいかくにんのうったえ]

株主総会において、法的に決議と評価できるものが存在しない場合に、決議の不存在を確認するよう求める訴えのこと。決議不存在確認の訴えは、誰でも、いつでも提起できる。

商 決議無効確認の訴え

[けつぎむこうかくにんのうったえ]

株主総会において、決議の内容が法令に違反し、無効である場合に、決議の無効を確認するよう求める訴えのこと。ただし、決議の動機または目的が不法であっても、無効にはならない。決議無効確認の訴えは、誰でも、いつでも提起できる。

民 血族

[けつぞく]

血縁関係にある者との関係のこと。民法では、6親等内の血族、配偶者、3親等内の姻族を親族としている。

基 決定

[けってい]

☞判決／決定／命令

憲 検閲 □□□

[けんえつ]

行政権が主体となり、対象とされる表現物について、発表前にその内容を網羅的一般的に審査した上、不適当と認められるものの全部または一部の発表を禁止すること。憲法は、例外なく検閲を禁止している。

行 現業公務員／非現業公務員 □□□

[げんぎょうこうむいん／ひげんぎょうこうむいん]

①現業公務員とは、非権力的な業務に携わる公務員のこと。たとえば公権力に直接関わらない印刷局や林野事業などに携わる仕事をする公務員がこれにあたる。

②非現業公務員とは、公権力の行使に直接関わる公務員のこと。許認可業務を行う官庁の公務員がこれにあたる。

民 権限・権原 □□□

[けんげん・けんげん]

①権限とは、法令や契約上、ある行為をすることができる能力・資格またはその範囲のこと。

②権原とは、ある行為を正当化する法律上の根拠のこと。

たとえば、アパートの一室の借主は、賃貸借契約上の権原に基づき、そこを住まいとして使用する権限を有する。契約上の権限を超えて又貸しなどをすることはできない。

行 権限の委任・権限の代理 □□□

[けんげんのいにん・けんげんのだいり]

①権限の委任とは、自己に与えられた権限の一部を他の機関に委任して行わせること。委任には、法令の根拠が必要である。

②権限の代理とは、権限の移動を伴わ

ず、代理関係のみを発生させることをいう。代理には、法令の根拠がなくてもよい。

行 原告適格／被告適格 □□□

[げんこくてきかく／ひこくてきかく]

①原告適格とは、訴訟を提起する資格のこと。行政訴訟においては、法律上の利益がある者に原告適格が認められる。「法律上の利益」とは、法律がその者の権利利益を直接保護している場合をいう。公益の保護を目的とする法律によって反射的に利益を受けているにすぎない者には、原告適格がない。

②被告適格とは、被告として訴訟を遂行し、本案判決を求める資格のこと。行政訴訟の場合、被告適格を有するのは、処分・裁決をした行政庁が所属する行政主体（国または公共団体）である。ただし、当該行政庁がいずれの行政主体にも属さない場合は、当該行政庁が被告となる。

民 検索の抗弁権／催告の抗弁権

□□□

[けんさくのこうべんけん／さいこくのこうべんけん]

①検索の抗弁権とは、債権者が保証人に履行の請求をした際、保証人が、ⓐ主たる債務者に弁済の資力があり、かつ、ⓑその執行が容易であることを証明して、まず主たる債務者の財産から執行するよう求める権利のこと。

②催告の抗弁権とは、債権者が保証人に履行の請求をした際、保証人が、まず主たる債務者に催告するよう求める権利のこと。ただし、主たる債務者が破産手続開始の決定を受けていたり所在不明であったりする場合は、行使できない。

なお、連帯保証人については、この2つの権利が認められない。

民 原始取得／承継取得 □□□

[げんししゅとく／しょうけいしゅとく]

①原始取得とは、他人から権利を受け継ぐのでなく、新たに生まれた権利を取得すること。

②承継取得とは、他人から権利を受け継ぐこと。

原始取得の例としては、建物を新築してその所有権を取得する場合や、他人の所有権を時効取得する場合があげられる。承継取得の例としては、売買契約や贈与契約によって権利を取得する場合があげられる。

民 現実の提供／口頭の提供 □□□

[げんじつのていきょう／こうとうのていきょう]

①現実の提供とは、債務の本旨に従って現実に弁済を提供すること。

②口頭の提供とは、債務者が弁済の準備をしたことを債権者に通知し、その受領を催告すること。

弁済の提供方法としては、現実の提供が原則である。ただし、民法は、債権者があらかじめその受領を拒み、また債務の履行について債権者の行為を要するときは、口頭の提供をすれば足りるとしている。

民 現実の引渡し／簡易の引渡し

□□□

[げんじつのひきわたし／かんいのひきわたし]

①現実の引渡しとは、文字どおり物を引き渡すこと。

②簡易の引渡しとは、譲受人またはその占有代理人がすでに目的物を所持している場合に、占有移転の合意だけで占有権を移転させること。

民 原始的不能 □□□

[げんしてきふのう]

契約に基づく債務の履行が契約成立時点で不能だった場合のこと。たとえば、別荘の売買をしたところ契約時点で焼失していたような場合である。債務不履行の要件を満たせば、損害賠償の請求をすることができる。

民 原状回復義務 □□□

[げんじょうかいふくぎむ]

契約を解除する際に、当事者が互いを契約前の状態に戻す義務のこと。売買が取り消される前に代金を受け取っていた者は、その代金を返還しなければならない。また、賃貸借契約の解除時は、賃借人が物の損傷部分を元に戻さなければならない。また、無効な行為に基づく債務の履行として給付を受けた者も、同様に原状回復義務を負う。

行 原処分主義／裁決主義 □□□

[げんしょぶんしゅぎ／さいけつしゅぎ]

①原処分主義とは、処分の審査請求に対して棄却裁決がなされ、原処分の取消しの訴え及び（棄却）裁決の取消しの訴えの両方が可能である場合に、原処分の違法性を主張するには、処分の取消しの訴えを提起しなければならないとする原則のこと。

②裁決主義とは、処分の審査請求に対して棄却裁決がなされた場合に、特別法で裁決の取消しの訴えだけを認めている場合のこと。原処分主義に対する例外にあたる。裁決主義が採用されている場合は、原処分を行う際に、その旨を教示しなければならない。

たとえば、A氏が処分Xを不服として審査請求をしたが棄却裁決となったため、訴訟を提起しようとする場合、A氏がそもそもの処分X（原処分）の違

法性を主張したいときは、（棄却）裁決の取消しの訴えでなく、原処分の取消しの訴えによらなければならない。「元ネタである処分自体を争いたいなら、元ネタを取り消すための訴訟を起こせ」ということである。これが原処分主義である。

これに対し、たとえば、地方税法上、固定資産評価額に不服がある場合、納税者は、固定資産評価審査委員会に審査の申出（審査請求に相当）をすることができ、その決定にも不服があるときは、その審査の申出に対する決定を取り消すよう求める訴え（裁決の取消しの訴えに相当）を提起し、その中で、固定資産税評価額自体について争うこととなる。これが裁決主義である。

民 現存利益 □□□
[げんぞんりえき]

原物のまま、あるいは形を変えて残っている利益のこと。たとえば、不当利得における善意の受益者は、現存利益を返還すればよいとされている。

基 限定列挙／例示列挙 □□□
[げんていれっきょ／れいじれっきょ]

①限定列挙とは、条文に挙げられている事由だけに効力を限定し、それ以外の事由には効力を認めない場合のこと。

②例示列挙とは、条文で挙げられている事由のほか、これに類似する性質のものにも効果を認める場合のこと。

たとえば、憲法に規定する天皇の国事行為は、限定列挙なので、それ以外に国事行為は存在しない。これに対し、憲法14条（法の下の平等）に規定されている「人種、信条、性別、社会的身分又は門地」というのは、例示列挙であり、これら以外の事由であっても、平等原則に反することは認められな

い。

民 限定承認 □□□
[げんていしょうにん]

☞単純承認／限定承認／相続放棄

民 検認 □□□
[けんにん]

家庭裁判所が、遺言書の偽造・変造を防止するために、その形式・態様などを調査・確認すること。公正証書遺言を除き、遺言は、家庭裁判所の検認を受けなければならない。ただし、検認は、遺言内容の真否・有効無効を判定するものではない。

商 現物出資 □□□
[げんぶつしゅっし]

金銭以外の財産により出資をすること。会社の設立に際して現物出資ができるのは、発起人だけである。

民 現物分割／代金分割／賠償分割 □□□
[げんぶつぶんかつ／だいきんぶんかつ／ばいしょうぶんかつ]

いずれも、共有物を分割する方法のひとつ。

①現物分割とは、現物を実際に分割して各人の単独所有とする方法のこと。不動産の場合は、分筆して各共有者に割り振ることになる。

②代金分割とは、共有物を売却して、その代金を各共有者で分ける方法のこと。

③賠償分割とは、共有者に債務を負担させて、他の共有者の持分の全部または一部を取得させる方法のこと。

憲 憲法 □□□
[けんぽう]

国家の統治のあり方の基本を定めた法

のこと（実質的意味の憲法）。国の最高法規であり、憲法の条規に反する法律、命令などは、無効とされている。また、条約が国内法としての効力を持つ場合であっても、憲法は、条約に優越する。条約という形での憲法改正を阻止するためである。

憲 憲法改正 □□□
[けんぽうかいせい]

成文憲法の条項に変更（修正・削除・追加等）を加えること。日本国憲法には、「この憲法の改正は、各議院の総議員の3分の2以上の賛成で、国会が、これを発議し、国民に提案してその承認を経なければならない」と定められている。

憲 憲法改正の限界 □□□
[けんぽうかいせいのげんかい]

憲法96条の改正手続を踏んでも許されない改正があるという考え方。通説によれば、憲法制定権力（主権）の所在（国民主権）やその所産である基本原理（例基本的人権条項）を変更することはできない。

憲 憲法尊重擁護義務 □□□
[けんぽうそんちょうようごぎむ]

天皇・摂政・国務大臣・国会議員・裁判官その他の公務員は、憲法を尊重・擁護しなければならないという義務のこと。憲法は、国民を国家権力から守るためのもの（対国家性）であることから、国民にその義務は課されていない。

憲 憲法の変遷 □□□
[けんぽうのへんせん]

国家機関が、改正手続をとらずに、憲法典の規範内容に適合しない行為を続けること。国家機関の行為の継続によって慣習法が成立し、憲法典が改廃されるという考え方もあるが、憲法典に適合しない国家行為は、違憲の事実にすぎないという考え方のほうが有力である。

民 顕名 □□□
[けんめい]

代理人が、本人のためにするという代理意思を示して法律行為を行うこと。代理意思を示さないと、代理人自身の意思表示とみなされ、効果は代理人に帰属する。ただし、相手方が代理意思を知り、または知ることができた場合は、本人に効果が帰属する。

民 権利外観法理 □□□
[けんりがいかんほうり]

真の権利者が、他人を権利者とするような外観を作り出した場合、その外観を信じて取引した第三者を保護すべきであるとする考え方。たとえば、代理権を与えていないのに、本人が代理権を与えたと表示し、その表示された権限の範囲内で無権代理行為がなされた場合、相手方が善意無過失であれば、表見代理が成立し、本人は効果の帰属を拒めなくなる。

民 権利能力 □□□
[けんりのうりょく]

権利義務の主体になる資格のこと。人間（自然人）は、生きて生まれ、そして生き続けている限り、権利能力を持っている。出生前の胎児には権利能力が認められないが、民法は、不法行為に基づく損害賠償請求・相続・遺贈について、例外的に胎児を「すでに生まれた」ものとみなしている。また、法人は、法律により権利能力が与えられている。さらに、外国人にも、法令・条約によって禁止される場合を除き、

権利能力が認められる。

民 権利能力なき社団 □□□
[けんりのうりょくなきしゃだん]

法人格を取得していないが、団体としての組織を備え、多数決の原則が行われ、構成員の変更にもかかわらず団体そのものは存続し、団体としての主要な点が確定しているもののこと。

民 権利能力平等の原則 □□□
[けんりのうりょくびょうどうのげんそく]

自然人は、出生すればそれだけで、誰もが当然に、かつ、平等に権利能力を取得し、国籍・階級・職業・年齢・性別等によって差別されることはないという原則のこと。

民 権利の濫用 □□□
[けんりのらんよう]

形式的には権利の行使のように見えるが、その権利本来の趣旨を逸脱しているため、実質的には正当な権利の行使とは認められないこと。民法は、「権利の濫用は、これを許さない」と規定する。権利の濫用と認められた場合、その行為の効力が否定されたり、場合によっては損害賠償責任を問われたりすることもある。

憲 権力分立 □□□
[けんりょくぶんりつ]

国家権力を、その性質に応じて立法権・司法権・行政権に区分し、それぞれを異なる機関に担当させ、権力の均衡・均衡を保たせる制度のこと。

行 広域連合 □□□
[こういきれんごう]

☞一部事務組合／広域連合

民 行為能力 □□□
[こういのうりょく]

1人で完全に有効な法律行為を行うことのできる資格・地位のこと。民法は、未成年者・成年被後見人・被保佐人・被補助人について、その行為能力を制限し、制限行為能力者として保護を図っている。

民 更改 □□□
[こうかい]

当事者が従前の債務に代えて、①給付内容の重要な変更、②債務者の交替、③債権者の交替を伴う新たな債務を発生させる契約のこと。更改により、従前の債務は消滅する。

商 公開会社／非公開会社（公開会社でない株式会社）□□□
[こうかいがいしゃ／ひこうかいがいしゃ（こうかいがいしゃでないかぶしきがいしゃ）]

①公開会社とは、株式の全部または一部について譲渡制限のない株式会社のこと。

②非公開会社（公開会社でない株式会社）とは、すべての株式に譲渡制限のある株式会社のこと。

行 合議制／独任制 □□□
[ごうぎせい／どくにんせい]

①合議制とは、機関の意思決定を複数の構成員の合議によるものとする制度のこと。公正取引委員会などがこれにあたる。

②独任制とは、1人の者が単独で行政庁を構成する制度のこと。各省大臣・都道府県知事・市町村長がこれにあたる。

行政庁は独任制が原則とされるが、公正かつ慎重な判断が強く求められる行政分野においては、合議制の行政庁が設置される。

憲 公共の福祉
[こうきょうのふくし]

人権を制約する場合の根拠。憲法は、人権を「侵すことのできない永久の権利」としつつ、「常に公共の福祉のためにこれを利用する責任を負う」「公共の福祉に反しない限り」などという形で、公共の福祉による制約を認めている。

行 公共用財産
[こうきょうようざいさん]

国が直接公共の用に供し、または供するものと決定した財産のこと。公共用財産も、長年にわたり事実上公の目的に使用されることなく放置され、公共用財産としての形態・機能を完全に喪失した場合には、取得時効の対象となるとされる。

行 公共用物／公用物／公物
[こうきょうようぶつ／こうようぶつ／こうぶつ]

①公共用物とは、道路・河川・公園など、公衆の共同使用に供されるもののこと。
②公用物とは、官公署の建物など、国または公共団体自身の公用に供されるもののこと。
③公物とは、公共用物・公用物の総称。

民 後見開始の審判
[こうけんかいしのしんぱん]

精神上の障害によって事理弁識能力がないのが通常の状態である者に対して、本人・配偶者などの請求に基づき、家庭裁判所が行う審判のこと。後見開始の審判を受けた者を成年被後見人といい、成年被後見人には、保護者として、成年後見人が付される。

民 後見監督人
[こうけんかんとくにん]

制限行為能力者を保護する目的で選任された後見人に対し、その事務を監督または代理して行う機関のこと。必置の機関ではなく、家庭裁判所が必要と判断した場合などに置かれる。

基 公告
[こうこく]

政府・公共団体・企業などが、ある事項を広く一般に知らせること。官公署による公告は、主に官報・公報に掲載され、株式会社の決算公告などは、官報または時事に関する事項を掲載する日刊新聞紙に掲載されることが多い。

行 抗告
[こうこく]

決定・命令について、上級の裁判所に不服を申し立てること。

行 抗告訴訟
[こうこくそしょう]

行政庁の公権力の行使によって権利利益を侵害された者が、その公権力の行使の適法性を争う訴訟のこと。行政事件訴訟法は、処分の取消しの訴え・裁決の取消しの訴え・無効等確認の訴え・不作為の違法確認の訴え・義務付けの訴え・差止めの訴えという6種類の抗告訴訟を認めている。

憲 後国家的権利
[こうこっかてきけんり]

☞前国家的権利／後国家的権利

民 交叉申込み
[こうさもうしこみ]

契約の申込みが到達する前に、相手方も同じ内容の申込みをした場合のこと。この場合にも、契約は成立する。

ただし、いずれも申込みであって承諾がないため、契約は、後の申込みが到達した時に成立する。

商 合資会社／合名会社／合同会社 □□□

[ごうしがいしゃ／ごうめいがいしゃ／ごうどうがいしゃ]

①合資会社とは、直接無限責任社員と直接有限責任社員で構成される持分会社のこと。

②合名会社とは、直接無限責任社員だけで構成される持分会社のこと。

③合同会社とは、間接有限責任社員だけで構成される持分会社のこと。

民 行使上の一身専属権 □□□

[こうしじょうのいっしんせんぞくけん]

権利の性質上、権利者自身に行使させるべき権利のこと。代表例は、夫婦間の契約取消権、親族間の扶養請求権、遺留分侵害額請求権などである。

民 公示の原則 □□□

[こうじのげんそく]

物権の変動には公示を伴わなければならないとする原則のこと。取引の安全を図るための考え方で、民法上、不動産については登記、動産については引渡しという公示方法が要求されている。

憲 公衆浴場の配置規制 □□□

[こうしゅうよくじょうのはいちきせい]

職業の自由の制約に関する論点・判例のひとつ。判例によれば、「公衆浴場の配置規制は、公衆浴場業者の健全で安定した経営を確保するための積極目的規制であり、著しく不合理であることが明白とはいえない」から合憲であるとされている。

なお、別の判例においては、「公衆浴場の配置規制は、国民保健及び環境の確保という消極目的と公衆浴場業者の経営の安定という積極目的を併有し、これらの目的を達成するための必要かつ合理的な手段である」から合憲であるとするものもある。

行 公証

[こうしょう]

☞確認／公証

民 公序良俗／公の秩序または善良の風俗 □□□

[こうじょりょうぞく／おおやけのちつじょまたはぜんりょうのふうぞく]

公序良俗とは、国家社会の一般的な利益や社会における一般的な道徳観念のこと。公の秩序または善良の風俗の略称。民法90条は、「公の秩序又は善良の風俗に反する法律行為は、無効とする」としている。

民 公信力 □□□

[こうしんりょく]

外形を信頼した者に権利が存在したのと同様の効果を認めること。民法は、動産の占有に公信力を認め、動産の占有者を権利者と過失なく信頼し、取引行為によって動産の占有を取得した者に、動産の即時取得を認めている。

憲 硬性憲法／軟性憲法 □□□

[こうせいけんぽう／なんせいけんぽう]

①硬性憲法とは、通常の法律よりも改正手続が厳格な憲法のこと。日本国憲法は硬性憲法である。

②軟性憲法とは、通常の法律と同様の手続によって容易に改正できる憲法のこと。

基 構成要件該当性 □□□
[こうせいようけんがいとうせい]

犯罪成立要件のひとつ。刑法では、一般に、①構成要件該当性、②違法性、③責任（有責性）という3段階の犯罪認定方法をとる。主な構成要件要素には、行為の主体・行為の客体・実行行為・結果・因果関係がある。

行 拘束力 □□□
[こうそくりょく]

取消訴訟の認容判決は、処分・裁決をした行政庁その他の関係行政庁を拘束するという性質のこと。関係行政庁は、判決の趣旨を尊重した措置を講じる義務を負い、同一人に同一理由で同一内容の処分をすることができなくなる。取消訴訟以外の抗告訴訟や当事者訴訟の認容判決にも、拘束力が認められる。

行 公聴会 □□□
[こうちょうかい]

国・地方公共団体等が、一般に大きな影響を及ぼす重要事項を決定する際に、利害関係者・学識経験者等から意見を聴く会のこと。行政手続法では、申請に対する処分を行う場合、許認可等の要件として申請者以外の者の利害を考慮すべきときは、行政庁は、公聴会の開催等によりそれらの者の意見を聴く機会を設けるよう努めなければならないと定められている（努力義務）。

行 公定力 □□□
[こうていりょく]

行政行為は、たとえ違法であっても、権限のある国家機関が取り消さない限り、有効なものとして通用し、関係者を拘束するという性質のこと。
したがって、違法な行政行為によって権利を侵害された者が救済を求めるには、まず取消争訟（行政不服審査または

取消訴訟）によって公定力を除去する必要がある。ただし、国家賠償請求訴訟や刑事訴訟においては、その必要がなく、取消争訟を経ずにその違法性を主張できる。
なお、重大かつ明白な違法性がある行政行為については、法律上当然に無効とされ、公定力が認められない。

商 合同会社 □□□
[ごうどうがいしゃ]

☞合資会社／合名会社／合同会社

基 高等裁判所 □□□
[こうとうさいばんしょ]

最上位の下級裁判所のこと。全国8か所（東京・大阪・名古屋・広島・福岡・仙台・札幌・高松）に置かれている。
高等裁判所の裁判は、法律に特別の定めがある場合を除き、複数の裁判官による合議制で行われる。3名の裁判官による合議制が原則であるが、5名の裁判官による合議制の場合もある。
高等裁判所は、通常、第二審裁判所となる。しかし、高等裁判所が第一審裁判所になる場合もある。内乱罪に関する訴訟や知的財産に関する訴訟が、その例である。

民 口頭の提供 □□□
[こうとうのていきょう]

☞現実の提供／口頭の提供

基 口頭弁論 □□□
[こうとうべんろん]

裁判上、当事者の口頭による攻撃防御方法に基づく審理手続のこと。

民 後発的不能 □□□
[こうはつてきふのう]

債権発生後に、債務の本旨に従った履行ができない状態になること。履行期

前であっても、履行できない状態になれば、直ちに履行不能になる。

基 公判前整理手続 □□□
[こうはんぜんせいりてつづき]
刑事裁判において、審理開始前に事件の争点及び証拠等の整理を集中して行う制度のこと。

基 公布／施行 □□□
[こうふ／しこう]
①公布とは、成立した法令を公表して、一般に人が知り得る状態にすること。法令の公布は、慣行として官報に掲載して行うとされている。
②施行とは、公布された法令が実際に効力を生じること。
法令が公布されても、それがすぐに有効になる（施行される）とは限らない。法令の公布時点では、施行日は、別途公布される政令に委ねられていることも多い。なお、施行日の定めがまったくない法律は、法適用通則法（法の適用に関する通則法）に基づき、公布の日から起算して20日を経た日から施行される。

憲 幸福追求権 □□□
[こうふくついきゅうけん]
憲法は、「生命、自由及び幸福追求に対する国民の権利については、公共の福祉に反しない限り、立法その他の国政の上で、最大の尊重を必要とする」と定めている。これを一般に幸福追求権と呼んでいる。
幸福追求権には、時代の変遷とともに生まれる新しい人権を根拠づける機能があるとされ、これを根拠にプライバシーの権利などが認められている。

行 公物
[こうぶつ]
☞公共用物／公用物／公物

民 抗弁権 □□□
[こうべんけん]
相手方の請求を拒絶する権利のこと。

憲 公務員 □□□
[こうむいん]
広く国または公共団体の事務を担当する職員のこと。国家公務員法や地方公務員法の適用を受ける一般職公務員と、選挙で選ばれる長や議員、立法権や司法権の職員のような特別職公務員がある。
なお、国家賠償法1条にいう「公務員」とは、公権力を行使する権限を与えられた者のことであり、権力的な行政の権能を委任されている民間人も含まれる。

憲 公務員の争議行為 □□□
[こうむいんのそうぎこうい]
公務員の労働基本権を制限することの合憲性に関する論点。公務員の争議行為等を禁止することについては、①公務員の職務には公共性があること、②国民全体の共同利益の見地からやむをえないこと、③主要な勤務条件が法律で定められ、身分が保障され、しかも、適切な代償措置が講じられていることから、憲法に違反しないとされている。

商 合名会社
[ごうめいがいしゃ]
☞合資会社／合名会社／合同会社

行 公用物
[こうようぶつ]
☞公共用物／公用物／公物

憲 小売市場の許可制　□□□
[こうりしじょうのきょかせい]

職業の自由の制約に関する論点・判例のひとつ。判例によれば、「小売市場の許可制は、社会経済を調和的に発展させるための中小企業保護政策の1つとしてとられた積極目的規制であり、著しく不合理であることが明白とはいえない」から合憲であるとされる。

憲 国際協調主義　□□□
[こくさいきょうちょうしゅぎ]

国際法を遵守し、他の国家の主権を尊重することで、国際社会全体での発展をめざすという考え方。日本国憲法は、国際協調主義を採用している。

行 告示　□□□
[こくじ]

行政機関がその意思や事実を公に知らせる方式のこと。告示の内容はさまざまで、行政規則だけでなく、法規命令にあたるものもある。たとえば、文部科学大臣の告示である学習指導要領は、法的拘束力が認められており、法規命令にあたる。

憲 国事行為　□□□
[こくじこうい]

憲法6条・7条に列挙された次の行為のことで、列挙された行為に限定され、拡大解釈も禁止されている。
①内閣総理大臣の任命
②最高裁判所長官の任命
③憲法改正・法律・政令・条約の公布
④国会の召集
⑤衆議院の解散
⑥国会議員総選挙の施行の公示
⑦国務大臣及び法律の定めるその他の官吏の任免と、全権委任状、大使・公使の信任状の認証
⑧大赦・特赦・減刑・刑の執行の免除・

復権の認証
⑨栄典の授与
⑩批准書及び法律の定めるその他の外交文書の認証
⑪外国の大使・公使の接受
⑫儀式を行うこと。

憲 国政調査権　□□□
[こくせいちょうさけん]

衆参両議院が国政に関する調査を行い、これに関して証人の出頭・証言・記録の提出を強制する権限のこと。

憲 国籍離脱の自由　□□□
[こくせきりだつのじゆう]

日本国民が日本国籍を離脱する自由のこと。国籍法により具体化されている。同法は、あくまで日本国籍を離れて他国籍を取得することを前提としており、無国籍になる自由までを認めているものではないと解釈されている。

行 告知と聴聞の権利　□□□
[こくちとちょうもんのけんり]

不利益を課される当事者は、あらかじめその内容について告知を受け、弁解と防御の機会を与えられるという権利。

憲 国民主権／君主主権　□□□
[こくみんしゅけん／くんしゅしゅけん]

①国民主権とは、国政の最終決定権は、君主ではなく国民にあるという考え方。
②君主主権とは、それが君主にあるという考え方。

憲 国民審査　□□□
[こくみんしんさ]

最高裁判所裁判官に対する国民による解職制度。①任命後初めて実施される衆議院議員総選挙の際に行われ、②そ

の後10年経過ごとに同様の審査が行われる。

憲 国務大臣の任免権　□□□
[こくむだいじんのにんめんけん]

国務大臣を任免する内閣総理大臣の権限のこと。国務大臣の任免は内閣総理大臣の専権であり、閣議にかける必要も、国会の同意を得る必要もない。

民 個人貸金等根保証契約　□□□
[こじんかしきんとうねほしょうけいやく]

根保証契約（一定の範囲に属する不特定の債務を主たる債務とする保証契約）であって、その債務の範囲に金銭の貸渡しまたは手形の割引を受けることによって負担する債務が含まれるもののこと。個人貸金等根保証契約は、極度額を定めなければ、効力を生じない。また、元本確定期日として契約締結の日から5年を超える日を定めている場合、その定めは効力を生じない。元本確定期日の定めがない場合は、これを契約締結の日から3年を経過する日とする。

民 個人根保証契約　□□□
[こじんねほしょうけいやく]

一定の範囲に属する不特定の債務を主たる債務とする保証契約（根保証契約）であって、保証人が個人であるもののこと。個人根保証契約は、極度額を定めなければ、その効力を生じない。

憲 国会議員の総選挙　□□□
[こっかいぎいんのそうせんきょ]

衆議院議員の総選挙と参議院議員の通常選挙のこと。その際は、天皇が施行を公示する。なお、補欠選挙や再選挙は、ここに含まれない。

憲 国会単独立法の原則　□□□
[こっかいたんどくりっぽうのげんそく]

立法にあたり、他の機関の関与を必要とせず、国会の議決だけで法律を成立させることができるという原則のこと。例外として、地方特別法（特定の地方公共団体にのみ適用される法律）を成立させるには、その住民投票で過半数の賛成を得なければならない。

憲 国会中心立法の原則　□□□
[こっかいちゅうしんりっぽうのげんそく]

立法の主体は国会だけであるという原則のこと。例外として、衆参各議院が単独で主体となって制定する議院規則、最高裁判所が主体となって制定する裁判所規則、地方公共団体の議会が主体となって制定する条例がある。

行 国家賠償制度／損失補償制度　□□□
[こっかばいしょうせいど／そんしつほしょうせいど]

①国家賠償制度とは、公務員の不法行為により損害を受けたときは、誰でも、法律の定めるところにより、国または公共団体に損害賠償を求めることができる制度のこと。国家賠償制度は、違法な行政活動により生じた損害を救済する制度である。

②損失補償制度とは、適法な行政活動によって発生した損失を補償する制度のこと。たとえば、都市計画法に基づく道路の拡幅工事の際に土地を収用された者は、損失補償を受けることができる。

憲 国家無答責の原則　□□□
[こっかむとうせきのげんそく]

主権の行使に関して国家が責任を負うことはないとする考え方。明治憲法下で採用されていたが、現憲法はこれを

否定し、行政活動による損害を救済する制度として、国家賠償制度と損失補償制度を設けている。

憲 固有の意味の憲法 □□□
[こゆうのいみのけんぽう]

実質的意味の憲法の一種で、法形式や成文か不文かを問わず、国家の統治のあり方の基本を定めた法のこと。

商 固有の商人／擬制商人 □□□
[こゆうのしょうにん／ぎせいしょうにん]

①固有の商人とは、営業として、自己名義で商行為を行う者全般のこと。
②擬制商人とは、店舗などでの物品販売業者及び鉱業を営む者のこと。擬制商人は、商行為を行うことを業としなくても、商人として扱われる。

憲 雇用の自由 □□□
[こようのじゆう]

私企業が、どのような人を雇い入れるかを決定する自由のこと。私企業には雇用の自由があるため、労働者の採否の決定にあたり、労働者の思想・信条を調査したり、その思想・信条を理由に雇入れを拒んだりしても、原則として違法ではない。

民 婚姻 □□□
[こんいん]

結婚のこと。婚姻は、当事者双方に婚姻意思があり、その意思に基づいた届出がなされた時に成立する。

民 婚姻意思 □□□
[こんいんいし]

婚姻により夫婦共同生活をしようという意思のこと。人違いなどによって当事者間に婚姻意思のない場合、その婚姻は無効となる。また、子に嫡出子の身分を取得させるためだけに婚姻の届出をする意思は、婚姻意思とはいえない。

民 婚姻準正
[こんいんじゅんせい]

☞認知準正／婚姻準正

民 婚姻適齢 □□□
[こんいんてきれい]

婚姻できる年齢のこと。男女とも、18歳にならなければ、婚姻できない。

民 婚姻の取消し・婚姻の無効 □□□
[こんいんのとりけし・こんいんのむこう]

①婚姻の取消しとは、次の理由がある場合に、婚姻を撤回すること。ⓐ婚姻適齢違反、ⓑ重婚禁止違反、ⓒ近親婚禁止違反、ⓓ直系姻族間の婚姻禁止違反、ⓔ養親子間の婚姻禁止違反。なお、婚姻の取消しには遡及効がなく、将来に向かってのみ効力を生じる。
②婚姻の無効とは、次の理由がある場合に、婚姻の効力を生じないこと。ⓐ婚姻意思がない場合、ⓑ婚姻の届出がない場合。

民 混同 □□□
[こんどう]

ある債権について、同一人が、債権者でありかつ債務者でもあるという状態になること。たとえば、父に借金をしていた子が、父を単独相続したような場合がこれにあたる。原則として、債権は消滅する。

民 混和
[こんわ]

☞付合／加工／混和

さ行

行 再議
[さいぎ]

地方議会における議決機関が、一度議決した事項について、再び審議・決議すること。地方自治法では、議決について異議がある場合、長は、一定の期間内に理由を示して再議に付すことができるとしている。

基 罪刑法定主義
[ざいけいほうていしゅぎ]

「法律なくば刑罰なく、法律なくば犯罪なし」と定義される原則。根本精神はマグナ・カルタまで遡る近代西欧型刑法の大原則である。刑法典に明文の規定はないが、憲法31条「何人も、法律の定める手続によらなければ、その生命もしくは自由を奪われ、またはその他の刑罰を科せられない」がその根拠となる。

行 裁決
[さいけつ]

審査請求に対する審査庁の裁断行為。審査請求が不適法な場合には却下裁決がなされ、審査請求に理由がない場合には棄却裁決がなされる。審査請求に理由がある場合には認容採決がなされる。

行 裁決主義
[さいけつしゅぎ]

☞原処分主義／裁決主義

行 裁決の取消しの訴え
[さいけつのとりけしのうったえ]

審査請求その他の不服申立てに対する行政庁の裁決・決定その他の行為の取消しを求める訴訟のこと。

民 債権／物権
[さいけん／ぶっけん]

①債権とは、特定の人に対して特定の行為を要求する権利のこと。
②物権とは、物を直接かつ排他的に支配する権利のこと。
債権が特定の人にしか主張できない権利であるのに対して、物権は天下万人に対して主張できる権利である。

民 債権者主義／債務者主義
[さいけんしゃしゅぎ／さいむしゃしゅぎ]

いずれも、民法の危険負担に対する考え方のこと。
①債権者主義とは、契約後、互いの債務履行前に、一方の債務がその債務者の帰責事由によらずに履行不能となった場合でも、他方の債務の履行を拒絶できないとする考え方。
②債務者主義とは、①と逆に、他方の債務の履行を拒絶できるとする考え方。
民法は、危険負担について、債務者主義を原則とする。債権者主義が適用されるのは、債権者の帰責事由によって債務者の債務が履行不能となった場合に限定される。

民 債権者代位権
[さいけんしゃだいいけん]

債務者が放置している権利（被代位権利）を債権者が代わりに行使して責任財産の減少を防止する制度のこと。たとえば、債権者Aから融資を受けている債務者Bが、自己の唯一の返済原資であるXに対する代金債権を行使せずに放置している場合、債権者Aは、債務者Bに代わって、Xに対する代金債権を行使できる。

債権者代位権を行使できるのは、債務者の資力が十分でなく、債権を回収できなくなるおそれのある場合である（無資力要件）。債権者代位権は、裁判上でも裁判外でも行使できるが、履行期到来前の裁判上の行使はできない。

民 債権者代位権の転用　□□□
[さいけんしゃだいいけんのてんよう]

本来は金銭債権を保全するための制度である債権者代位権を、それとはまったく異なる場面で用いること。

たとえば、不動産の転得者は、自己の移転登記請求権を保全するため、譲受人の譲渡人に対する移転登記請求権を代位行使できる。また、土地の賃借人は、土地の使用収益権を保全するため、その土地の不法占拠者に対して、賃貸人が持つ土地の妨害排除請求権を代位行使できる。

これらの場合には、本来の債権者代位権の要件である債務者の無資力要件は必要ないとされる。

民 債権者遅滞／受領遅滞　□□□
[さいけんしゃちたい／じゅりょうちたい]

債権者遅滞とは、債務者が弁済の提供をしたにもかかわらず、債権者が弁済の受領を拒み、または、受領できない場合に、債権者が負う責任のこと。受領遅滞ともいう。債権者遅滞となった場合は、①債務者の注意義務が軽減され（善管注意義務⇒自己の財産におけるのと同一の注意義務）、②増加費用が債権者の負担となり、③その間に履行不能に陥ったときは債権者の帰責事由によるものとみなされる。

民 債権者取消権／詐害行為取消権　□□□
[さいけんしゃとりけしけん／さがいこういとりけしけん]

債権者取消権とは、債務者が詐害行為を行った場合に、債権者がその行為を取り消して流出した財産を取り戻す制度のこと。詐害行為取消権ともいう。たとえば、債権者Aから融資を受けている債務者Bが、自己の唯一の返済原資である不動産を知り合いXに格安で売却した場合、債権者Aは、その売買契約の取消訴訟を提起できる。ただし、B・Xともに、Aを害することを知っていた（悪意）場合に限る。また、債権者取消権を行使するためには、債務者の無資力要件が必要である。なお、債権者取消権は、必ず取消訴訟によらなければならない。

民 債権譲渡　□□□
[さいけんじょうと]

自己の債権を他人に譲渡すること。住宅ローンの債務者が支払困難となった場合に、銀行が債権回収会社に住宅ローン債権を譲渡するケースなどがこれにあたる。ただし、その性質上譲渡を許さないものである債権（例有名画家に自己の肖像画を描いてもらう債権）や、法律により譲渡が禁止されている債権（例扶養請求権）は、譲渡できない。

当事者間で譲渡を禁止・制限している債権（譲渡制限特約付債権）であっても、譲渡は可能である。ただし、その場合、譲受人に悪意または重過失があるときは、債務者は、譲受人への履行を拒み、譲渡人への弁済をもって債権の消滅を主張できる。

民 債権の相対性／物権の絶対性 □□□

[さいけんのそうたいせい／ぶっけんのぜったいせい]

①**債権の相対性**とは、債権者が債権を行使できる相手は債務者だけであるという性質のこと。

②**物権の絶対性**とは、物権は天下万人に対して行使できるという性質のこと。

基 最高裁判所 □□□

[さいこうさいばんしょ]

司法権をつかさどる最高機関のこと。最高裁判所長官 1 名と最高裁判所判事 14 名で構成される。最高裁判所は、上告・抗告に対し最終的な判断を下す終審裁判所である。

最高裁判所の審理や裁判は、全裁判官による**大法廷**または 3 名以上の裁判官による**小法廷**で行う。法令等の憲法違反の判断や最高裁判所の判例を変更する判断をする場合には、**大法廷**で裁判をしなければならない。しかし、大審院の判例の変更については、大法廷での裁判が義務づけられているわけではない。

民 催告 □□□

[さいこく]

裁判外で履行を請求すること。

民 催告権 □□□

[さいこくけん]

催告する権利のこと。たとえば、制限行為能力者と直接取引した者には、いつ取り消されるかわからないという不安定な地位から脱するため、催告権が認められている。行為能力の制限が続いている間は本人の法定代理人・保佐人・補助人に対して、行為能力の制限がなくなった後は制限行為能力者で

あった本人に対して、法律行為を追認して有効なものに確定させるかどうかを 1 か月以上の指定期間内に確答するように催告できる。所定の期間内に確答がない場合には、その行為を**追認**したものとみなされる。

民 催告の抗弁権

[さいこくのこうべんけん]

☞検索の抗弁権／催告の抗弁権

行 財産区 □□□

[ざいさんく]

市町村または**特別区**が財産（例山林・用水地）を持っている場合などに、その**管理・処分**を目的として設置される**特別地方公共団体**のこと。

憲 財産権 □□□

[ざいさんけん]

財産的価値を持つ権利の総称。憲法は、個人が持っている具体的な財産上の権利を人権として保障するとともに、**私有財産制**を制度として保障している。ただし、財産権は無制約でなく、**公共の福祉**による制約を受ける。

商 財産引受け □□□

[ざいさんひきうけ]

株式会社の成立後に、会社が第三者から財産を譲り受ける契約のこと。目的物の過大評価によって会社の財産的基礎を危うくするおそれがあるため、その**財産及び価額**、その**譲渡人の氏名・名称**を定款に記載しなければ、効力を生じない。

民 財産分与請求権 □□□

[ざいさんぶんよせいきゅうけん]

離婚に際して、一方当事者が他方当事者に対し、**婚姻中に共同で築いた財産**の分与を請求する権利のこと。財産分

与請求権と慰謝料請求権は、理論上別個の権利である。

行 再審査請求
[さいしんさせいきゅう]

☞審査請求／再調査の請求／再審査請求

憲 財政　□□□
[ざいせい]

国や地方公共団体が、その任務を遂行するために必要な財産を入手・管理・使用する作用のこと。

憲 財政民主主義　□□□
[ざいせいみんしゅしゅぎ]

国の財政を処理する権限は、国会の議決に基づいて行使しなければならないという考え方のこと。憲法は、「国の財政を処理する権限は、国会の議決に基づいて、これを行使しなければならない」と定め、国の財政を国民の代表機関である国会の統制下に置いている。

民 再代襲相続　□□□
[さいだいしゅうそうぞく]

被相続人が死亡する前に、相続人となるはずの子も、その代襲者である被相続人の孫も先に死亡等していた場合に、被相続人のひ孫が代襲相続すること。

行 裁断行為　□□□
[さいだんこうい]

異議申立てに対する決定や審査請求に対する裁決のこと。裁断行為には不可変更力があり、権限のある機関がいったん判断を下した以上、その機関自らがその判断を覆すことはできない。

行 再調査の請求
[さいちょうさのせいきゅう]

☞審査請求／再調査の請求／再審査請求

憲 再入国の自由
[さいにゅうこくのじゆう]

☞入国の自由／出国の自由／再入国の自由

基 裁判　□□□
[さいばん]

裁判所または裁判官が事実を認定し、法を適用して具体的な事件を解決する判断行為のこと。裁判には、判決・決定・命令がある。

基 裁判外紛争解決手続／ ADR　□□□
[さいばんがいふんそうかいけつてつづき／えーでぃーあーる]

裁判外紛争解決手続とは、裁判所の訴訟手続によらずに、民事上の紛争を解決しようとする当事者のために、公正な第三者が関与する手続のこと。ADRともいう。

憲 裁判官　□□□
[さいばんかん]

司法権を行使して裁判を行う官職にある者のこと。最高裁判所の裁判官と下級裁判所の裁判官がある。最高裁判所の裁判官は、1名の最高裁判所長官と14名の最高裁判所判事からなり、最高裁判所長官は内閣の指名に基づいて天皇が任命し、最高裁判所判事は内閣が任命し、天皇がその任免を認証する。下級裁判所の裁判官は、最高裁判所の指名した者の名簿によって内閣が任命する。このうち、高等裁判所長官の任免は、天皇がこれを認証する。

憲 裁判官の身分保障 □□□
[さいばんかんのみぶんほしょう]

裁判官の職権の独立を確保するために、裁判官に与えられた身分保障のこと。具体的には、①公の弾劾または心身故障による職務執行不能の場合を除き罷免されない、②行政機関が裁判官の懲戒処分をしてはならない、③裁判官は定期に相当額の報酬を受け、在任中に減額されることはない、などがあげられる。

民 裁判上の請求 □□□
[さいばんじょうのせいきゅう]

裁判所に訴えを提起すること。

憲 裁判を受ける権利 □□□
[さいばんをうけるけんり]

すべての者が、平等に、政治権力から独立した公平な裁判所に対して権利・自由の救済を求める権利のこと。公平な裁判所以外の機関により裁判を受けることのない権利を含む。

憲 歳費受領権 □□□
[さいひじゅりょうけん]

国会議員が、国会法の定めるところにより、国庫から相当額の歳費（給与）を受ける権利のこと。

民 債務 □□□
[さいむ]

債権者の要求に応じて特定の行為をする義務のこと。その義務を負う者を債務者という。

民 債務者主義 □□□
[さいむしゃしゅぎ]

☞債権者主義／債務者主義

民 債務超過 □□□
[さいむちょうか]

債務者の負債総額が資産総額を超えている状態のこと。資産をすべて売却しても負債を返済しきれない状態のことである。

民 債務の履行／弁済 □□□
[さいむのりこう／べんさい]

債務の履行とは、債権の内容である特定の行為を行うこと。弁済ともいう。たとえば、土地の売買契約を締結した売主が土地を引き渡すことや、買主が代金を支払うことが、債務の履行（弁済）である。

民 債務引受 □□□
[さいむひきうけ]

債務者の債務を、その同一性を維持したまま、第三者が引き受けること。債務引受には、併存的債務引受（債務者とともに債務を負担）と免責的債務引受（債務者は債務から離脱）がある。

民 債務不履行 □□□
[さいむふりこう]

債務の本旨（本来の趣旨）に従った履行がなされないこと。債務不履行には、履行遅滞・履行不能・不完全履行という3つの形態がある。

民 債務免除／免除 □□□
[さいむめんじょ／めんじょ]

債務免除とは、債権者が債務者の債務の全部または一部を免除すること。単に免除ともいう。

なお、債権者が連帯債務者の1人に債務免除をしても、残る連帯債務者の債務額が減少するわけではない。そのため、他の連帯債務者が全額を弁済した場合、債務免除を受けた連帯債務者に対して、その負担部分を求償できる。

行 裁量権の逸脱・裁量権の濫用
[さいりょうけんのいつだつ・さいりょうけんのらんよう]

①裁量権の逸脱とは、与えられた裁量権の範囲を超えて権限を行使すること。

②裁量権の濫用とは、形式的には裁量権の範囲内のように見えても、実質的には法が想定する以外の目的で権限を行使すること。

行政事件訴訟法では、「行政庁の裁量処分については、裁量権の範囲を超えまたはその濫用があった場合に限り、裁判所は、その処分を取り消すことができる」と規定している。

行 裁量行為
[さいりょうこうい]

☞羈束行為／裁量行為

民 詐害行為　□□□
[さがいこうい]

債務者が債権者を害することを知りながら、財産権を目的とする法律行為を行うこと。「債権者を害する」とは、債務者が債務超過に陥ることを意味する。債権者は、訴訟を提起することにより、債務者の詐害行為を取り消すことができる。

民 詐害行為取消権
[さがいこうにとりけしけん]

☞債権者取消権／詐害行為取消権

民 先取特権　□□□
[さきどりとっけん]

法律の定める特殊な債権を持つ者が、債務者の財産から優先弁済を受ける権利のこと。①一般の先取特権（債務者の総財産から優先弁済を受ける）、②動産の先取特権（特定の動産から優先弁済を受ける）、③不動産の先取特権（特定の不動産から優先弁済を受ける）に分類される。動産の先取特権と不動産の先取特権は、特別の先取特権と呼ばれ、一般の先取特権と競合する場合には、原則として特別の先取特権が優先する。先取特権は、法定担保物権であり、契約で発生させることはできない。

民 詐欺による意思表示　□□□
[さぎによるいしひょうじ]

取引上要求される信義に反した言動により騙され、勘違いをしたまま行った意思表示のこと。詐欺による意思表示も一応有効であるが、表意者やその承継人などには、取消権が認められている。ただし、善意無過失の第三者には対抗できない。

なお、詐欺を行ったのが意思表示の相手方である場合、表意者等は無条件に意思表示を取り消すことができるのに対して、詐欺を行ったのが第三者である場合は、相手方が当該第三者による詐欺の事実を知っていたとき、または知ることができた場合に限り、表意者等は意思表示を取り消すことができる。

民 錯誤　□□□
[さくご]

表示から推測される意思と表意者（意思表示をした者）の真実の意思が食い違っているのに、表意者がそれに気づいていないこと。言い間違いや書き間違いのこと。

民 錯誤による意思表示　□□□
[さくごによるいしひょうじ]

勘違い・言い間違い・書き間違いなどによって意思表示をすること。錯誤による意思表示は、その錯誤が法律行為の目的及び取引上の社会通念に照らして重要なものであるときは、取り消す

ことができる。ただし、善意無過失の第三者には対抗できない。

民 差押え □□□
[さしおさえ]

債務者の財産の処分を禁止すること。抵当権の実行としての競売の申立てには、差押えの効力がある。

民 指図による占有移転 □□□
[さしずによるせんゆういてん]

第三者が所持する目的物を譲渡人が譲受人に譲り渡した場合、譲渡人が目的物の所持人に対して「以後は譲受人のために占有せよ」と命じ、譲受人がそれを承諾することにより、目的物の占有が移転すること。目的物が動産の場合、現実の引渡し・簡易の引渡しに加え、指図による占有移転によっても、即時取得が可能となる。ただし、引渡しが占有改定の方法による場合は、即時取得できない。

行 差止めの訴え □□□
[さしとめのうったえ]

行政庁が一定の処分・裁決をすべきでないにもかかわらず、これがなされようとしている場合において、行政庁がその処分・裁決をしてはならない旨を命ずることを求める訴訟のこと。差止めの訴えは、一定の処分・裁決がなされることにより重大な損害を生ずるおそれがあり、かつ、損害を避けるため他に適当な方法がない場合に提起できる。また、差止めの訴えは、差止請求について法律上の利益を有する者に限り、提起できる。

民 詐術 □□□
[さじゅつ]

自分が制限行為能力者であるにもかかわらず、行為能力があると相手方に誤

信させるような言動をとること。制限行為能力者が取引にあたって詐術を用いた場合は、その取引を取り消すことができない。制限行為能力者であることを黙っているにすぎない場合は、詐術にあたらないが、他の言動と相まって行為能力者と誤信させ、または誤信を強めた場合は、詐術にあたる。

民 詐称代理人 □□□
[さしょうだいりにん]

債権者の代理人と偽って債権を行使した者のこと。弁済者が、受領権者でないのにその外観を有する者（詐称代理人を含む）を真の受領権者であると無過失で信じて弁済した場合、その弁済は有効となる。

憲 参議院の緊急集会 □□□
[さんぎいんのきんきゅうしゅうかい]

衆議院の解散総選挙による空白を埋めるために開かれる参議院の集会のこと。参議院の緊急集会は、国に緊急の必要があるときに、内閣の求めにより開催される。参議院の緊急集会での措置は、暫定的なものであって、特別会召集後10日以内に衆議院が同意しないと、将来に向かって失効する。

基 三審制 □□□
[さんしんせい]

異なる審級の裁判所の審理を3回受けることを認める裁判制度のこと。通常の事件では、地方裁判所が第一審、高等裁判所が第二審、最高裁判所が第三審となる。

憲 参政権
[さんせいけん]

☞自由権／社会権／参政権／受益権

行 参与機関／諮問機関　□□□
[さんよきかん／しもんきかん]

①参与機関とは、行政庁の意思決定に参与し、その議決が行政庁の意思を法的に拘束する機関のこと。参与機関の議決を欠いた行政庁の行為は、無効である。

②諮問機関とは、行政庁の意思決定に利害関係のある各層の意見や専門技術的知見を反映させるため、行政庁から諮問を受けて意見を具申する機関のこと。諮問機関の答申は、行政庁を法的に拘束するものではない。

民 死因贈与
[しいんぞうよ]

☞遺贈／死因贈与

商 自益権／共益権　□□□
[じえきけん／きょうえきけん]

①自益権とは、株主が会社から経済的利益を享受する権利のこと。剰余金の配当を受ける権利や残余財産の分配を受ける権利がこれにあたる。

②共益権とは、株主が会社の経営に参加する権利のこと。株主総会の議決権や取締役等を訴える権利などがこれにあたる。

民 敷金　□□□
[しききん]

賃料債務等を担保する目的で、賃借人が賃貸人に交付する金銭のこと。名称・名目を問わない。敷金は、契約が終了し、賃借物を返還した後でなければ、その返還を求めることができない。賃貸人は、賃借人が賃貸を滞納した場合、敷金を充当できる。ただし、賃借人からその充当を要求することはできない。

商 事業譲渡／営業譲渡　□□□
[じぎょうじょうと／えいぎょうじょうと]

いずれも、一定の事業（営業）目的のために組織化され、有機的一体として機能する財産を譲渡し、事業活動を受け継がせること。

①事業譲渡は、企業間において一定の事業を譲渡する場合をいい、会社法が適用される。事業を譲渡した会社は、原則として、同一の市町村の区域内及び隣接する市町村の区域内において、事業を譲渡した日から20年間、同一の事業を行うことができない。

②営業譲渡は、個人商人がその営業を譲渡する場合をいい、商法が適用される。個人商人は営業ごとに商号を使い分けることができるため、営業譲渡に商号譲渡が含まれることがある。営業の譲受人が譲渡人の商号を引き続き使用する場合、譲渡人の営業上の債務について免責の登記または譲受人及び譲渡人からの通知がないと、譲受人もその弁済をしなければならない。

民 事業に係る債務についての保証契約の特則　□□□
[じぎょうにかかるさいむについてのほしょうけいやくのとくそく]

個人が保証人となる保証契約において、主たる債務が事業目的の貸金債務である場合には、保証契約の締結に先立って、保証人が保証債務を履行する意思を公正証書により表示する必要があるとする制度のこと。ただし、その保証人が当該事業の経営者等である場合には、公正証書は不要とされる。

基 施行
[しこう]

☞公布／施行

民 時効 □□□
[じこう]

一定の事実状態が永続する場合に、それが真実の権利関係と一致するかどうかを問わず、そのまま権利関係として認めようとする制度のこと。時効には、取得時効と消滅時効がある。時の経過により権利を取得することになるのが取得時効であり、逆に、権利を失うことになるのが消滅時効である。

民 時効の完成猶予 □□□
[じこうのかんせいゆうよ]

一定の事由が発生したときに、時効の完成を一定期間猶予すること。完成猶予事由としては、裁判上の請求・支払督促・催告・協議を行う旨の合意などがあげられる。

民 時効の更新 □□□
[じこうのこうしん]

時効期間の進行中に一定の事実が発生したとき、その時から新たに時効期間の進行が始まること。更新事由としては、確定判決等による権利の確定・権利の承認などがあげられる。

民 時効の利益の放棄 □□□
[じこうのりえきのほうき]

時効の利益を受けないとする意思表示のこと。時効の利益は、時効完成前にあらかじめ放棄できない。債権者からの圧力による不本意な放棄を防ぐためである。

民 自己契約／双方代理 □□□
[じこけいやく／そうほうだいり]

①自己契約とは、契約の当事者の一方が相手方の代理人となること。買主が売主の代理人になるような場合があげられる。

②双方代理とは、1人の者が当事者双方の代理人となること。第三者が売主の代理人と買主の代理人を兼務するような場合があげられる。

自己契約と双方代理は、当事者の一方が不当な不利益を被るおそれがあるため、いずれも原則として禁止されている。ただし、債務の履行や、本人があらかじめ許諾した行為については、例外的に自己契約や双方代理が許される。一方が不当な不利益を被るおそれがないからである。

憲 自己決定権 □□□
[じこけっていけん]

一定の私的事項について自ら決定する権利のこと。幸福追求権の一環として認められている。

民 自己の財産に対するのと同一の注意義務
[じこのざいさんにたいするのとどういつのちゅういぎむ]

☞善良なる管理者の注意義務（善管注意義務）／自己の財産に対するのと同一の注意義務

憲 事後法禁止の原則
[じごほうきんしのげんそく]

☞刑罰不遡及の原則／事後法禁止の原則

行 事実行為
[じじつこうい]

☞行政行為／事実行為

行 事実上の公務員の理論 □□□
[じじつじょうのこうむいんのりろん]

無資格者が公務員に選任されて、外観上公務員として行った行為は、行政法秩序安定のため、外観を重視し、有効とする考え方。たとえば、無効の解職請求に基づいて村長が解職され、その

後任として選出された村長が行政行為を行った場合、後任の村長は無資格者ではあるが、その行政行為は有効とされる。

民 事実的因果関係／相当因果関係 □□□

[じじつてきいんがかんけい／そうとういんがかんけい]

①事実的因果関係とは、加害行為と損害との間に、「その行為がなければ損害は発生しなかっただろう」という関係があること。

②相当因果関係とは、「その行為からその損害が発生するのは通常ありうることだ」という関係があること。

不法行為の成立要件のひとつである因果関係は、上記①・②の両方を満たすことが必要である。

民 使者 □□□

[ししゃ]

本人の決定した意思を相手方に伝えるだけの者のこと。単なる使い走りなどがこれにあたる。使者に代理権はない。

民 自主占有／他主占有 □□□

[じしゅせんゆう／たしゅせんゆう]

①自主占有とは、所有の意思のある占有のこと。所有者による占有は、通常、自主占有である。

②他主占有とは、所有の意思のない占有のこと。賃借人による占有は、通常、他主占有である。

所有権の取得時効が成立するためには、自主占有でなければならない。ただし、占有は、自主占有であると推定される。そのため、取得時効を否定しようとする者が他主占有であることを立証する必要がある。

行 事情裁決 □□□

[じじょうさいけつ]

処分が違法または不当であって、請求に理由はあるものの、その認容が公共の福祉に適合しない場合に、審査庁が、処分の違法性・不当性を宣言しつつ、請求を棄却する裁決のこと。取消訴訟における事情判決と同様の制度である。

行 事情判決 □□□

[じじょうはんけつ]

一切の事情を考慮し、違法と宣言しつつ、請求を棄却する判決のこと。行政事件訴訟法は、「処分または裁決が違法ではあるが、これを取り消すことにより公の利益に著しい障害を生ずる場合において、原告の受ける損害の程度、その損害の賠償または防止の程度及び方法その他一切の事情を考慮したうえ、処分または裁決を取り消すことが公共の福祉に適合しないと認めるときは、裁判所は、請求を棄却することができる。この場合には、当該判決の主文において、処分または裁決が違法であることを宣言しなければならない」と定めている。事情判決は、その主文で、処分または裁決が違法であることが宣言される。

憲 私人間効力 □□□

[しじんかんこうりょく]

本来は「国家対個人」間で適用される憲法の規定を「個人対個人」間に適用する考え方。判例は、憲法の趣旨を私法の一般条項に読み込んで解釈・適用することで、間接的に私人間の行為を規律するべきだとする（間接適用説）。

行 自然公物／人工公物 □□□

[しぜんこうぶつ／じんこうこうぶつ]

①自然公物とは、河川・海浜・湖沼な

どのこと。

②**人工公物**とは、道路や公園などのこと。

いずれも、公の営造物に含まれる。

民 自然人　□□□
[しぜんじん]

生きている人間のこと。法人に対する概念。法律によって権利義務の主体となる法人と異なり、自然人はすべて生まれながらにして権利義務の主体となることができる。

基 自然法思想／法実証主義　□□□
[しぜんほうしそう／ほうじっしょうしゅぎ]

①**自然法思想**とは、人間の自然的理性に基づいて構成され、普遍的に正しく、かつ永久不変の法を自然法といい、自然法を前提に実定法を基礎づける考え方のこと。

②**法実証主義**とは、現に効力を持って存在している法だけが法であるという考え方のこと。

法実証主義によれば、悪法も、現に効力を持っている以上、法である（**悪法もまた法なり**）。これに対して、自然法思想によれば、悪法は、法ではない。

憲 思想及び良心の自由　□□□
[しそうおよびりょうしんのじゆう]

精神的自由のうち、内面的な精神活動に関する自由のこと。人間の尊厳の中核を成し、民主主義の根幹をなす。思想及び良心の自由は、人間の内面にとどまり、他者の利益と衝突することはないため、いかなる制約にも服さない**絶対的自由**とされている。

民 下請負　□□□
[したうけおい]

請負人が請け負った仕事の全部または一部を第三者に請け負わせること。下請負人は、元請負人の履行補助者的立場に立つ者にすぎず、注文者との間に直接の法律関係は生じない。そのため、下請負人の故意・過失については、**元請負人**が責任を負う。

民 質権　□□□
[しちけん]

債権者が、担保として債務者（または物上保証人）から受け取った物を、債務が弁済されるまで**留置**して、弁済を間接的に強制するとともに、弁済されない場合には、その物を**競売**して優先弁済を受ける担保物権のこと。

行 自治事務／法定受託事務　□□□
[じちじむ／ほうていじゅたくじむ]

①**自治事務**とは、普通地方公共団体が行う地域における事務のこと。地方自治法では、「法定受託事務以外のもの」と定義されている。

②**法定受託事務**とは、普通地方公共団体が法律や政令によって処理することとされた事務のこと。**第1号法定受託事務**（本来は国が担うべき事務）と**第2号法定受託事務**（本来は都道府県が担うべき事務）がある。

行 自治紛争処理委員
[じちふんそうしょりいいん]

☞国地方係争処理委員会／自治紛争処理委員

行 執行機関　□□□
[しっこうきかん]

職務を執行する機関のこと。たとえば、行政目的を実現するために必要とされる実力行使を行う**警察官・消防職員・収税官**などが、執行機関にあたる。また、会社法上、**取締役**は執行機関にあたる。

行 執行停止

[しっこうていし]

処分の効力、処分の執行または手続の続行を停止すること。

行 執行罰

[しっこうばつ]

非代替的な作為義務（債務者以外の者が代わって履行できない義務）や不作為義務について、過料という心理的圧力によって履行を強制するもの。現在は、砂防法 36 条に規定があるのみである。

行 執行不停止の原則

[しっこうふていしのげんそく]

審査請求や処分の取消しの訴えが提起されても、処分の効力は維持され、その執行または手続を続けることができるという考え方のこと。

行 執行命令

[しっこうめいれい]

☞委任命令／執行命令／独立命令

商 執行役

[しっこうやく]

指名委員会等設置会社の業務を執行する機関のこと。取締役会決議で選任される。代表権を行使するのは、取締役会が執行役の中から選定した代表執行役である。

民 実子／養子

[じっし／ようし]

①実子とは、親と血のつながりのある子のこと。実子のうち、婚姻関係にある男女間の子を嫡出子、そうでない子を嫡出でない子（非嫡出子）という。

②養子とは、血のつながりがなく、縁組によって法律上の子となった者のこと。

憲 実質的意味の憲法

[じっしつてきいみのけんぽう]

☞形式的意味の憲法／実質的意味の憲法

行 実質的当事者訴訟

[じっしつてきとうじしゃそしょう]

☞形式的当事者訴訟／実質的当事者訴訟

民 失踪宣告

[しっそうせんこく]

生死不明の者を死亡したものとみなす制度のこと。普通失踪と特別失踪がある。

基 実体法／手続法

[じったいほう／てつづきほう]

①実体法とは、法律関係の内容を定めた法のこと。

②手続法とは、実体法が定めた法律関係を実現する手続を定めた法のこと。たとえば、民法・刑法は実体法であり、民事訴訟法・刑事訴訟法は手続法である。

行 指定管理者

[していかんりしゃ]

法人その他の団体であって、普通地方公共団体が指定するもののこと。普通地方公共団体の長に代わって、公の施設の管理にあたる。普通地方公共団体が指定管理者を指定するには、あらかじめ議会の議決を経なければならない。

民 指定相続分

[していそうぞくぶん]

☞法定相続分／指定相続分

行 指定都市／中核市
[していとし／ちゅうかくし]

①指定都市とは、政令で指定する人口50万人以上の市のこと。政令指定都市ともいう。指定都市は、大都市に関する特例として設けられた制度で、都道府県が処理することとされている事務のうち、政令で定めるものを処理できる。指定都市は、条例で区を設けることができる。区は、特別区ではなく、法人格もない。区には、区の事務所や選挙管理委員会などが置かれる。しかし、議会を置くことはできない。

②中核市とは、政令で指定する人口20万人以上の市のこと。中核市の指定は、関係市からの申出に基づき、総務大臣が行う。申出には、議会の議決と都道府県の同意が必要である。中核市に区を設けることはできない。

民 私的自治の原則
[してきじちのげんそく]

私人間の法律関係は、各人の意思により自由に規律するべきだという原則のこと。そのため、私人間の行為に憲法を直接適用すべきではなく、憲法の趣旨を私法の一般条項に読み込み、間接的に規律すべきである（間接適用説）。

民 自働債権／受働債権
[じどうさいけん／じゅどうさいけん]

①自働債権とは、相殺をしようとする者が相手方に対して持っている権利のこと。

②受働債権とは、相殺を受ける者が相殺をしようとしている相手方に対して持っている権利のこと。

たとえば、AがBに対して100万円の金銭債権を有し、BがAに対して150万円の金銭債権を有する場合において、Aが相殺を援用してBに50万円だけを支払うとき、AのBに対する100万円の金銭債権が自働債権、相殺される側であるBのAに対する150万円の金銭債権が受働債権である。

商 支配人
[しはいにん]

選任された営業所において、営業の主任者として、営業主に代わって営業に関する一切の裁判上または裁判外の行為を行う権限のある商業使用人のこと。支店長・マネージャーなど、名称は問わない。なお、支配人は、商業使用人であって、商人ではない。

行 自縛力
[じばくりょく]

☞不可変更力／自縛力

憲 司法権
[しほうけん]

☞立法権／司法権／行政権

憲 司法権の限界
[しほうけんのげんかい]

司法権の範囲に属する具体的な争訟であったとしても、裁判所があえて司法審査を行わない、または制度的に司法審査ができない場合がある。これを司法権の限界という。

具体的には、憲法の明文上の限界（議員の資格争訟裁判、裁判官の弾劾裁判）、国際法上の限界（外交官の治外法権、条約による裁判権の制限）、憲法解釈上の限界（自律権に属する行為、統治行為）などがある。

憲 司法権の独立
[しほうけんのどくりつ]

裁判官は、いかなる外部圧力・干渉も受けることなく、独立して職務を遂行

するという原則のこと。司法権の独立には、①司法府の独立（立法権・行政権からの独立）、②裁判官の職権の独立（憲法と法律以外に拘束されず良心に従って職責を果たす）という2つの意味がある。

憲 司法権の範囲 □□□
[しほうけんのはんい]

裁判所が扱う裁判は、民事裁判や刑事裁判にとどまらず、行政裁判も含めたすべての法律上の争訟を対象とするということを内容とする概念。
「法律上の訴訟」とは、裁判所上の概念で、当事者間の具体的権利義務ないし法律関係の存否に関する紛争であって、法令の適用によって終局的に解決することができるものをいう。

商 資本金 □□□
[しほんきん]

会社の設立または株式の発行に際して、株主となる者が会社に払込みまたは給付をした財産の額のこと。

商 資本準備金／利益準備金 □□□
[しほんじゅんびきん／りえきじゅんびきん]

いずれも、企業の健全な発達と会社債権者保護のために積み立てておくべき準備金のひとつ。
①資本準備金とは、資本取引から生じる法定準備金のこと。会社法により積み立てることが義務づけられている。
②利益準備金とは、利益剰余金を原資とする準備金のこと。

商 資本多数決の原則／1株1議決権の原則 □□□
[しほんたすうけつのげんそく／ひとかぶいちぎけつけんのげんそく]

資本多数決の原則とは、株主は、出資に応じたリスクを負担しているため、

そのリスクの割合に応じた発言権が与えられるべきであるという考え方。1株1議決権の原則ともいう。

民 事務管理／緊急事務管理 □□□
[じむかんり／きんきゅうじむかんり]

①事務管理とは、法律上の義務がないのに、他人のためにその事務を処理すること。たとえば、留守宅の窓が突風で壊れ、放置すれば空き巣が入るおそれがあるため、見かねた隣人が応急修理をする場合が、事務管理にあたる。事務管理者は、善管注意義務を負う。
②緊急事務管理とは、本人の身体・名誉・財産に対する急迫の危害を免れさせるために事務管理をすること。この場合、事務管理者は、悪意または重大な過失がない限り、これによって生じた損害を賠償する責任を負わない。

行 事務の監査請求 □□□
[じむのかんさせいきゅう]

監査委員に対して、普通地方公共団体の事務の執行について監査を請求すること。所属する普通地方公共団体の有権者総数の50分の1以上の者の連署をもって、代表者から監査委員に対し事務の執行について監査を請求できる。なお、事務の監査請求は、住民監査請求と異なり、1人ではできない。また、外国人にはできない。

商 指名委員会／監査委員会／報酬委員会 □□□
[しめいいいんかい／かんさいいいんかい／ほうしゅういいんかい]

いずれも、指名委員会等設置会社における委員会のこと。
①指名委員会とは、株主総会に提出する取締役・会計参与の選任・解任に

関する議案の内容を決定する委員会のこと。

②**監査委員会**とは、執行役等の職務執行の監査や監査報告の作成などを行う委員会のこと。

③**報酬委員会**とは、執行役や取締役の個別の報酬等の内容の決定方針を定める委員会のこと。

商 指名委員会等設置会社 □□□
[しめいいいんかいとうせっちがいしゃ]

指名委員会・監査委員会・報酬委員会を置く株式会社のこと。各委員会は、それぞれ、取締役の中から、取締役会決議で選定した**3**人以上の委員で組織する。委員の過半数は、**社外取締役**でなければならない。

行 指名競争入札
[しめいきょうそうにゅうさつ]

☞一般競争入札／指名競争入札／随意契約

行 諮問機関
[しもんきかん]

☞参与機関／諮問機関

憲 指紋の押捺 □□□
[しもんのおうなつ]

幸福追求権に関する論点のひとつ。指紋の押捺を強制されない自由は、幸福追求権の一環として保障されており、その自由は、在留外国人にも等しく及ぶ。かつての外国人登録法の指紋押捺制度は、在留外国人の公正な管理という正当な目的に基づき、一般に許容される限度を超えない相当な方法によるものであるとされ、憲法に違反しないとされたが、その後の法改正により、制度自体が廃止された。

憲 社会権
[しゃかいけん]

☞自由権／社会権／参政権／受益権

憲 社会的身分 □□□
[しゃかいてきみぶん]

人が社会において占める継続的地位のこと。具体的には、非嫡出子であることや被差別地域出身であることなどがこれにあたるが、**学歴**や**職業的な地位**は該当しないとされる。

商 社外取締役 □□□
[しゃがいとりしまりやく]

株式会社の取締役であって、当該会社・子会社の業務執行取締役でなく、就任の前**10年間**当該会社・子会社の業務執行取締役でないなどの要件を満たすもの。監督役的な存在を期待される。**指名委員会等設置会社**における各委員会の委員は、それぞれその**過半数**が社外取締役でなければならない。

民 借地権 □□□
[しゃくちけん]

建物の所有を目的とする**地上権**または**土地の賃借権**のこと。借地権は、**建物の存在**と**その登記**が対抗要件であり、借地権者が土地上に登記された建物を持っていれば、第三者にも借地権を対抗できる。

行 釈明処分の特則 □□□
[しゃくめいしょぶんのとくそく]

行政事件訴訟において、裁判所は、訴訟関係を明瞭にするため必要があると認めるときは、被告である行政庁に対し、**保有する資料**等の提出を求めることができるという制度のこと。民事訴訟上の釈明処分と異なる点（特則の要点）は、①釈明処分を求める対象を被告に限定している点（原告は対象外）、

②被告自身が保有するものだけでなく、それ以外の行政庁が保有するものも提出の対象となっている点である。

商 社債　□□□

[しゃさい]

会社が発行する債券のこと。資金調達の方法のひとつであるが、新株発行による資金調達と異なり、満期で償還をする義務がある。

憲 自由委任

[じゆういにん]

☞命令委任／自由委任

憲 集会の自由　□□□

[しゅうかいのじゆう]

多数人が共通の目的を持って一定の場所に一時的に集合する自由のこと。集会の自由には、集団行動の自由も含まれる。デモ行進は、「動く集会」ともいわれるからである。集会や集団行動は、外部的表現行動であるため、他社の利益と衝突する可能性も高く、公共の福祉による制約を受けることがある。

憲 衆議院の解散／解散　□□□

[しゅうぎいんのかいさん／かいさん]

衆議院の解散とは、任期満了前に、衆議院議員全員の資格を失わせること。単に解散ともいう。衆議院の不信任決議があると、内閣は、衆議院の解散という対抗手段に出るか、総辞職するかの二者択一に追い込まれる。衆議院が解散されると、解散の日から40日以内に衆議院議員の総選挙が行われ、総選挙の日から30日以内に国会(特別会)が召集される。

憲 衆議院の優越　□□□

[しゅうぎいんのゆうえつ]

一定の事項について、衆議院が参議院に対して、任期が短く解散もあり民意を反映しやすいため、優越的な地位にあること。具体的な内容としては、予算先議権・内閣不信任決議権、法律案・予算・条約承認の議決の効力、内閣総理大臣の指名の効力がある。

憲 自由権／社会権／参政権／受益権　□□□

[じゆうけん／しゃかいけん／さんせいけん／じゅえきけん]

①自由権とは、国家による介入を拒否することを本質とする権利のこと。「国家からの自由」ともいわれる。生命・自由・財産・健康に関する権利などが代表例。

②社会権とは、国家の積極的介入によりその実現を求めることを本質とする権利のこと。「国家による自由」ともいわれる。生存権・教育権・労働基本権などが代表例。

③参政権とは、国民が自ら所属する国の政治に参加する権利のこと。「国家への自由」ともいわれる。選挙権・被選挙権、公務員の選定・罷免権などが代表例。

④受益権とは、国民が国家に対して、ある特定の活動をするよう求める権利のこと。国務請求権ともいう。請願権・裁判を受ける権利・国家賠償請求権・刑事補償請求権などが代表例。

民 集合債権譲渡担保・集合動産譲渡担保　□□□

[しゅうごうさいけんじょうととんぽ・しゅうごうどうさんじょうととんぽ]

①集合債権譲渡担保とは、債権の集合体を対象として設定した譲渡担保の

こと。たとえば、特定の債権者・債務者間で継続的に発生する債権（例　仕入代金債権）を一括して譲渡担保とする場合があげられる。

②**集合動産譲渡担保**とは、動産の集合体を対象として設定した譲渡担保のこと。たとえば、卸売者が取引先である小売店の在庫商品を一括して譲渡担保とする場合があげられる。

民 重婚 □□□
[じゅうこん]

配偶者のある者が重ねて婚姻すること。民法上、重婚は認められていない。なお、刑法においては重婚罪が規定されている。

憲 私有財産制 □□□
[しゆうざいさんせい]

私人が財産に対して所有権を持つことを法的に保障する制度のこと。憲法は、個人が持っている具体的な財産上の権利を人権として保障するとともに、私有財産制を制度として保障している。

行 自由裁量行為
[じゆうさいりょうこうい]

☞羈束裁量行為／自由裁量行為

民 住所／居所／仮住所 □□□
[じゅうしょ／きょしょ／かりじゅうしょ]

①**住所**とは、各人の生活拠点と認められる場所のこと。

②**居所**とは、住所に準じる生活拠点といえる場所のこと。

③**仮住所**とは、ある行為について仮の生活拠点と定めた場所のこと。当該行為については、仮住所が住所として扱われる。

行 自由選択主義／審査請求前置主義 □□□
[じゆうせんたくしゅぎ／しんさせいきゅうぜんちしゅぎ]

①**自由選択主義**とは、審査請求ができる処分についても、それを経ることなく、直ちに取消訴訟を提起できるというルール。

②**審査請求前置主義**とは、取消訴訟を提起するには、事前に審査請求を経なければならないというルール。
行政事件訴訟法は、自由選択主義を原則としており、審査請求前置主義は例外である。

民 従物 □□□
[じゅうぶつ]

☞主物／従物

行 住民 □□□
[じゅうみん]

地方自治法においては、市町村の区域内に住所を有する者は、当該市町村及びこれを包括する都道府県の住民とされる。

行 住民監査請求 □□□
[じゅうみんかんさせいきゅう]

普通地方公共団体の長などに違法・不当な公金支出などがあると認める場合に、住民（1人でも法人や外国人でも可）が、監査委員に監査を求め、是正・損害補塡の措置を講ずるように請求すること。また、違法・不当に公金の賦課などを怠る事実（不作為）があると認めるときにも請求できる。

行 住民監査請求前置主義 □□□
[じゅうみんかんさせいきゅうぜんちしゅぎ]

住民訴訟を提起するには、それ以前に住民監査請求を経ている必要があるという考え方のこと。

行 住民自治／団体自治 □□□

[じゅうみんじち／だんたいじち]

①**住民自治**とは、民主主義と人権保障を実現するためには、その地域の住民の意思に基づいた政治が行われなければならないとする考え方のこと。

②**団体自治**とは、地方の政治が国から不当な干渉を受けることなく自律的に行われる必要があるという考え方のこと。

地方自治の本旨は、住民自治と団体自治からなると一般に説明されている。

行 住民訴訟 □□□

[じゅうみんそしょう]

住民監査請求が行われたにもかかわらず、監査委員が請求の日から60日以内に監査・勧告を行わなかった場合に、住民が、裁判所に訴えを提起して、**違法な行為の差止め**を求めること。長などが措置を講じなかった場合、または、監査結果・講じられた措置に不服がある場合も、同様に住民訴訟を提起できる。

行 住民の直接請求権 □□□

[じゅうみんのちょくせつせいきゅうけん]

日本国民である普通地方公共団体の住民で、選挙権のある者に認められた制度。住民自治を具体化したものといわれる。具体的には、**事務の監査請求権・条例の制定改廃請求権・議会の解散請求権・長・議員等の解職請求権**がある。外国人には選挙権がないため、直接請求権もない。

憲 受益権

[じゅえきけん]

☞自由権／社会権／参政権／受益権

行 授益的行政行為／侵害的行政行為 □□□

[じゅえきてきぎょうせいこうい／しんがいてきぎょうせいこうい]

①**授益的行政行為**とは、国民に権利利益を与える行政行為のこと。社会保障給付などがこれにあたる。授益的行政行為を職権で取り消すことができるのは、相手方の既得権益や信頼を上回る特別な公益上の必要性がある場合に限られる。

②**侵害的行政行為**とは、国民の権利利益を奪ったり制限したりする行政行為のこと。課税処分・交通規制・営業停止処分などがこれにあたる。

行 主観訴訟

[しゅかんそしょう]

☞客観訴訟／主観訴訟

基 縮小解釈

[しゅくしょうかいしゃく]

☞拡大解釈・拡張解釈／縮小解釈

憲 主権 □□□

[しゅけん]

①国政の**最終的決定権**（**最高決定権**）、②国家権力の**最高独立性**、③**統治権**という意味がある。「国民主権」という場合は①、「主権国家」という場合は②、立法・行政・司法といった国家権力を指す場合は③の意味となる。

民 授権行為 □□□

[じゅけんこうい]

本人が代理人に対して代理権を授与する行為のこと。

憲 取材の自由

[しゅざいのじゆう]

☞報道の自由／取材の自由

憲 出国の自由
[しゅっこくのじゆう]

☞入国の自由／出国の自由／再入国の
　自由

民 出生　□□□
[しゅっしょう]

母体から胎児の体が全部露出するこ
と。出生により、人には権利能力が発
生する。なお、人が出生すると、14
日以内に出生届を出す必要があるが、
これは、出生の事実を戸籍に記載する
ための報告にすぎず、権利能力の発生
とは関係がない。

民 受働債権
[じゅどうさいけん]

☞自働債権／受働債権

民 取得時効／消滅時効　□□□
[しゅとくじこう／しょうめつじこう]

①取得時効とは、一定の要件の下、時
　の経過により権利を取得すること。
　占有開始時点で、他人の物であるこ
　とについて善意無過失の場合は10
　年、悪意または有過失の場合は20
　年を経過すると、その物の所有権を
　取得する。
②消滅時効とは、同じく時の経過によ
　り権利を失うこと。ⓐ債権は、債権
　者が権利行使可能であることを知っ
　た時から5年、または権利行使可能
　時から10年を経過すると時効消滅
　し、ⓑ債権・所有権以外の財産権（例
　地上権・永小作権・地役権）は、権利
　行使可能時から20年を経過すると
　時効消滅する。なお、ⓒ所有権は
　時効消滅しない。

民 主物／従物　□□□
[しゅぶつ／じゅうぶつ]

①主物とは、従物を付属させる対象の

こと。
②従物とは、主物の経済的効用を継続
　的に高めるために、付属している独立
　性のある物のこと。家と畳建具・母屋
　と納屋などが、主物と従物の関係にあ
　る。また、ガソリンスタンドの地下タ
　ンクや洗車機は、ガソリンスタンドの
　店舗用建物の従物である。

民 受領遅滞
[じゅりょうちたい]

☞債権者遅滞／受領遅滞

商 種類株式
[しゅるいかぶしき]

☞普通株式／種類株式

民 種類債権／特定物債権　□□□
[しゅるいさいけん／とくていぶつさいけん]

①種類債権とは、目的物を種類と数量
　だけで指示した債権のこと。
②特定物債権とは、当事者が物の個性
　に着目し、1つの物に狙いを定め、
　その個物（特定物）の引渡しを目的
　とする債権のこと。

民 種類債権の特定　□□□
[しゅるいさいけんのとくてい]

債務者が引渡しに必要な行為を完了し
た場合、または債務者があらかじめ債
権者の同意を得た上で指定権を行使し
た場合に、種類債権の目的物が特定の
物に決定し、その物だけが債権の対象
になること。

憲 酒類販売業の免許規制　□□□
[しゅるいはんばいぎょうのめんきょきせい]

営業の自由に関する憲法上の論点。判
例は、租税の適正かつ確実な賦課徴収
を図るための職業の許可制について
は、立法府の裁量の範囲を逸脱した著
しく不合理なものでない限り、合憲で

さ行

あるとする。そして、酒類販売業の免許制も、この要件を満たすため、合憲としている。

民 種類物
[しゅるいぶつ]

☞特定物／不特定物／種類物

民 準消費貸借 □□□
[じゅんしょうひたいしゃく]

金銭支払債務等を消費貸借の目的に切り替える契約のこと。たとえば、売主Aから100万円の自動車を購入した買主Bが、支払困難となったため、代金100万円を借りたことにして返済していくことが、これにあたる。

民 準正 □□□
[じゅんせい]

認知と父母の婚姻を要件として、非嫡出子が嫡出子の身分を取得すること。準正には、認知準正と婚姻準正がある。

商 準備金 □□□
[じゅんびきん]

企業の健全な発達と会社債権者保護のために、積み立てておくべきもののこと。準備金には、資本準備金と利益準備金がある。

行 準法律行為的行政行為
[じゅんほうりつこういてきぎょうせいこうい]

☞法律行為的行政行為／準法律行為的行政行為

基 準用
[じゅんよう]

☞適用／準用

民 承役地
[しょうえきち]

☞要役地／承役地

商 場屋営業者 □□□
[じょうおくえいぎょうしゃ]

旅館・飲食店・浴場・劇場・有料遊園地などの、客の来集を目的とする場屋における取引をする商人のこと。原則として、客から寄託を受けた物品の滅失・損傷については、不可抗力によるものであったことを証明しなければ、損害賠償の責任を免れない。また、客から寄託を受けていない物品であっても、場屋の中に携帯した物品が、場屋営業者が注意を怠ったことによって滅失・損傷したときは、場屋営業者は、損害賠償の責任を負う。

憲 常会／臨時会／特別会 □□□
[じょうかい／りんじかい／とくべつかい]

①常会とは、一般に「通常国会」と呼ばれている国会の会期のこと。

②臨時会とは、必要に応じて臨時に開かれる国会の会期のこと。

③特別会とは、衆議院の解散・総選挙後に召集される国会の会期のこと。なお、衆議院の任期満了・総選挙後に召集されるのは、臨時会であって、特別会ではない。

基 渉外事件 □□□
[しょうがいじけん]

複数の国に関わる事件のこと。渉外事件については、適用される法律（準拠法）次第で、日本の裁判所が外国の法令を準拠法として裁判することもあれば、逆に、外国の裁判所が日本の法令を適用して裁判をすることもある。

商 商慣習 □□□
[しょうかんしゅう]

商取引における業界の習わしのこと。商事取引においては、まず商法を適用し、商法に規定がない場合は商慣習により、商慣習もない場合には民法を適

用する。

商 商業使用人 □□□
[しょうぎょうしようにん]

雇用契約によって商人に従属し、その対外的な商業上の業務を補助する者のこと。代表例は、支配人。雇用契約に基づく以上、商業使用人は自然人でなければならず、法人が商業使用人になることはできない。

商 商業登記 □□□
[しょうぎょうとうき]

商業登記簿に会社の情報を記載する手続のこと。会社を設立したとき、役員の住所・氏名が変わったとき、会社の商号や目的を変更したときなどに、その都度行う必要がある。商業登記簿に登記すべき事項は、登記の後でなければ、善意の第三者に対抗できない。

憲 消極目的規制／警察的規制 □□□
[しょうきょくもくてきききせい／けいさつてき
きせい]

消極目的規制とは、主に国民の生命や健康に対する危険を防止・除去・緩和するためになされる規制のこと。最小限の規制で目的を達成するように努める必要があり、規制の合憲性審査は厳格に判断される。警察的規制ともいう。

民 承継取得 □□□
[しょうけいしゅとく]

☞原始取得／承継取得

民 条件 □□□
[じょうけん]

☞期限／条件

商 商号 □□□
[しょうごう]

商人が営業上自己を表わすために用い

る名称のこと。会社だけでなく、個人も、商人であれば、商号を用いることができる。

商 商行為 □□□
[しょうこうい]

商人の営利活動で、商法によって規定される行為のこと。商行為には、営業的商行為・絶対的商行為・附属的商行為の3種類がある。

商 商号自由主義 □□□
[しょうごうじゆうしゅぎ]

会社以外の商人は、原則として商号を自由に選定することができるというルール。自分の氏・氏名を商号とすることもできるし、他の名称を商号とすることもできる。一方、会社は、その名称を商号としなければならない。さらに、その名称中に「株式会社」等の会社の種類を示す文言を用いなければならない。

商 商号単一の原則 □□□
[しょうごうたんいつのげんそく]

1個の営業（同一の営業）については、商号は1個に限定されるというルール。営業の同一性について誤認を防止するためである。しかし、自然人が複数の営業を営む場合には、各営業について別個の商号を用いることができる。一方、会社は、複数の営業を営む場合でも、商号は1個に限定されている。

商 商号の譲渡 □□□
[しょうごうのじょうと]

商人が商号を譲渡すること。商号は、営業とともに譲渡するか、譲渡者が自らの営業を廃止して譲渡するか、いずれかでなければならない。そうしないと、営業の主体が誰であるのかについ

さ行

て誤認を生じるおそれがあるからである。

基 上告 ☐☐☐
[じょうこく]

控訴審（第二審）の判決について、上級の裁判所（上告審）に不服を申し立てること。刑事訴訟では、上告裁判所は、常に最高裁判所である。これに対して、民事訴訟では、簡易裁判所が第一審裁判所になる場合には、高等裁判所が上告裁判所になる。

民 使用者責任 ☐☐☐
[しようしゃせきにん]

被用者がその事業の執行について第三者に加えた損害を、その使用者が負う損害賠償責任のこと。ただし、被用者の選任やその事業の監督につき相当の注意を行ったことを立証すれば、使用者は免責される。

憲 召集 ☐☐☐
[しょうしゅう]

国会の会期を開始させ、国会に活動能力を与える行為のこと。国会の召集は、内閣の助言と承認の下で、天皇が行う。なお、地方議会の場合は、「招集」と書く。

商 少数株主権
[しょうすうかぶぬしけん]

☞単独株主権／少数株主権

民 使用貸借 ☐☐☐
[しようたいしゃく]

当事者の一方がある物を引き渡すことを約束し、相手方がその受け取った物について無償で使用収益し、契約が終了したときに返還をすることを約束する契約のこと。使用貸借は、無償契約であり、諾成契約である。貸主と借主

の特殊な人間関係に基づく恩恵的なただ貸しであるため、契約の目的に従った使用収益が終了したり（返還時期を特に定めなかった場合）、借主が死亡したりすると、契約は終了する。なお、書面によらない使用貸借の場合、貸主は、借主が借用物を受け取るまで、契約を解除できる。

民 承諾 ☐☐☐
[しょうだく]

申込みの意思表示に対応した意思表示で、契約を成立させるもののこと。ただし、10万円で購入する申込みに対して「15万円なら売る」というように、承諾に対して条件をつけることはできない。その場合、条件をつけた承諾が「新たな申込み」とみなされる。承諾は、その意思表示が相手に到達した時点で効力を生じる。

民 承諾の通知を必要としない契約
☐☐☐
[しょうだくのつうちをひつようとしないけいやく]

「返事は要らない」とする申込者の意思表示があった場合や、取引慣習上特に承諾の通知が必要でない場合の契約のこと。契約は通常、申込みと承諾により成立するが、この場合には、承諾の意思表示と認められるような行為があれば、その時に契約が成立する。

商 譲渡制限株式 ☐☐☐
[じょうとせいげんかぶしき]

譲渡する際に会社の承認を必要とする株式のこと。

商 譲渡制限種類株式 ☐☐☐
[じょうとせいげんしゅるいかぶしき]

譲渡する際に会社の承認を必要とする種類株式のこと。会社は、すべての株

式に譲渡制限をかけるだけでなく、一部の種類株式に限って譲渡制限をかけることもできる。これが譲渡制限種類株式である。

民 譲渡担保 □□□
[じょうとたんぽ]

目的物である財産を債権者に譲渡する形式で、債権を物的に担保すること。被担保債権の弁済をもってその権利を返還するという形式をとる。非典型担保物権の代表例。

民 承認 □□□
[しょうにん]

民法上、時効の利益を受ける者が相手方の権利を認めること。債務者による債務の一部の弁済などがこれにあたる。承認により、時効の完成が回避される（時効の更新事由）。

商 商人 □□□
[しょうにん]

自己名義で、営業として商行為をする者のこと。固有の商人と擬制商人がある。

商 商人間の売買 □□□
[しょうにんかんのばいばい]

売主・買主がともに商人であって、その売買が売主・買主のいずれにとっても商行為にあたるもののこと。商人間の売買において、買主が目的物を受領したときは、遅滞なくその物を検査しなければならない。また、買主が契約を解除した場合は、原則として、売主の費用で受領物を保管または供託しなければならない。

民 消費貸借 □□□
[しょうひたいしゃく]

借主が貸主から金銭その他の代替物を受け取り、それを消費し、受け取った物と同種・同等・同量の物を返すという契約のこと。書面によらない消費貸借は、目的物を受け取ることによって成立する（要物契約）。この場合、契約時点で目的物は引き渡し済みであるため、契約成立によって発生する債務は、借主の返還債務だけである（片務契約）。なお、消費貸借契約を書面でする場合は、諾成契約となる。

民 情報提供義務 □□□
[じょうほうていきょうぎむ]

保証契約の当事者である債権者が、同じく保証契約の当事者である保証人に対して負う義務。次の2種類がある。
①委託を受けた保証人から請求があった場合、債権者は、主たる債務の履行状況について情報を提供しなければならない。
②期限の利益を有する主たる債務者がその利益を喪失した場合、債権者は保証人に対し、その利益の喪失を知った時から2か月以内に、その旨を通知しなければならない。

上記①について債権者が義務を負うのは、委託を受けた保証人に対してだけであり、委託を受けない保証人に対する義務はない。これに対し、②については、委託の有無を問わず義務が生じる。

なお、②は、個人である保証人に対して負う義務であり、保証人が法人であるときは、義務が生じない。

民 消滅時効
[しょうめつじこう]

☞取得時効／消滅時効

憲 条約 □□□
[じょうやく]

国家間の文書による合意のこと。名称

を問わない。内閣に条約の締結権が認められている。ただし、事前または事後に、国会の承認を経る必要がある。

民 証約手付

[しょうやくてつけ]

☞解約手付／違約手付／証約手付

商 剰余金 □□□

[じょうよきん]

株主資本から資本金を差し引いた金額であり、資本剰余金と利益剰余金の合計額のこと。剰余金は、会社法の規定にしたがって株主に配当することができる。

基 条理 □□□

[じょうり]

ものごとの道理のこと。判例・慣習法とともに、不文法のひとつとなることがある。

基 省令

[しょうれい]

☞政令／省令／内閣府令

行 条例 □□□

[じょうれい]

地方公共団体が、自治権に基づいて制定する自主法のこと。普通地方公共団体の機関が定立する法形式の総称であり、地方議会の制定する法だけでなく、長や各種委員会の制定する規則も含まれる。また、自主法であることから、法令の授権は必要なく、必要とあればいつでも制定できる。条例で刑罰や過料を科すこともできる。ただし、条例の内容は、法律の範囲内でなければならない。

基 職業裁判官制度／法曹一元制度 □□□

[しょくぎょうさいばんかんせいど／ほうそういちげんせいど]

①職業裁判官制度とは、法曹養成機関等の修了した者を直ちに裁判官に任用する制度のこと。

②法曹一元制度とは、弁護士経験者の中から裁判官を選任する制度のこと。大陸法系の諸国では、職業裁判官の制度が採用されるのに対し、英米法系の諸国では、弁護士経験者の中から裁判官を選任する法曹一元制度が採用されている。日本では、職業裁判官が通例だが、弁護士経験者を裁判官に任用することもある。

憲 職業選択の自由 □□□

[しょくぎょうせんたくのじゆう]

どんな職業に就くかについて自ら決定する自由のこと。職業選択の自由には、職業を選択する自由だけでなく、選択した職業を遂行する自由も含まれる。職業選択の自由の保障は、広く営業の自由（職業活動の自由）を保障する趣旨を包含している。

行 職務質問 □□□

[しょくむしつもん]

警察官職務執行法に基づき、警察官が、犯罪を疑うに足りる相当な理由のある者や、犯罪について知っていると認められる者に対して質問をすること。警察官は、職務質問に付随して、所持品検査を行うこともできる。

行 所持品検査 □□□

[しょじひんけんさ]

警察官が職務質問に付随して、被質問者の受ける所持品を調べること。所持品検査は、所持人の承諾を得て、その限度で行うのが原則である。ただし、

強制にわたらない限り、所持人の承諾がなくても、具体的状況の下で相当と認められる限度で許容される場合がある。

民 除斥期間　□□□
[じょせつききかん]

その期間内に権利を行使しなければ、権利を行使できなくなる期間のこと。消滅時効と異なり、完成猶予や更新の制度はない。

行 職権証拠調べ　□□□
[しょっけんしょうこしらべ]

裁判所が職権で証拠調べを行うこと。本来、訴訟資料の提出は当事者の責任で行うのが原則（弁論主義）だが、行政事件は公益への影響が大きいため、当事者の請求がなくても、裁判所が必要と判断すれば、自ら証拠調べをすることができる。ただし、裁判所の専断を防ぐため、証拠調べの結果について当事者の意見を聴かなければならない。

行 処分　□□□
[しょぶん]

行政庁の処分その他公権力の行使にあたる行為のこと。その手続は、行政手続法に従う。

行 処分基準
[しょぶんきじゅん]

☞審査基準／処分基準

行 処分性　□□□
[しょぶんせい]

取消訴訟をするための要件のひとつ。行政事件訴訟法上、取消訴訟とは、「行政庁の処分その他公権力の行使にあたる行為（略）の取消しを求める訴訟をいう」とされる。そして、「行政庁の

処分」とは、その行為によって直接国民の権利義務を形成し、またはその範囲を確定することが法律上認められているものをいうとするのが判例である。

行 処分庁　□□□
[しょぶんちょう]

ある行政処分を行った当該行政庁のこと。

行 処分等の求め　□□□
[しょぶんとうのもとめ]

法令違反の事実を知った者が、それを是正するための処分・行政指導がなされていないと考えた場合に、権限のある行政庁に対して、その処分・行政指導を行うよう求めることができる制度のこと。

行 処分の取消しの訴え　□□□
[しょぶんのとりけしのうったえ]

裁決の取消しの訴え以外の取消訴訟のこと。処分の審査請求に対して棄却裁決がなされた場合に、原処分の違法性を主張するには、処分の取消しの訴えを提起しなければならないのが原則である（原処分主義）。

憲 除名　□□□
[じょめい]

衆参両議院に認められた懲罰権のひとつで、議員の資格を奪うこと。国会議員の除名には、出席議員の3分の2以上の多数による議決が必要である。

民 書面でする消費貸借　□□□
[しょめんでするしょうひたいしゃく]

書面によって締結する消費貸借契約のこと。通常、消費貸借は要物契約であるが、書面ですることにより、諾成契約となる。借主は、引渡しを受けるま

では、契約を解除できる。また、引渡し前に当事者の一方が破産手続開始の決定を受けた場合は、契約が失効する。

民 書面による贈与・書面によらない贈与 □□□

[しょめんによるぞうよ・しょめんによらないぞうよ]

①書面による贈与とは、契約書を作成して締結する贈与契約のこと。書面による贈与の場合、贈与者は任意に撤回できない。書面が正式な契約書の形を取っていなくても、贈与されたことを確実に看取できる程度の記載のある書面があれば、書面による贈与となる。

②書面によらない贈与とは、口頭による贈与契約のこと。贈与者は、後に当該契約を撤回し、贈与の効力を将来に向かってなくすことができる。ただし、履行の終わった部分については、撤回できない。

民 所有権 □□□

[しょゆうけん]

特定の物を全面的に支配する権利のこと。所有者は、自由に物を使用・収益・処分することができる。ただし、法令の制限内という限定がある。

民 所有者不明土地管理人

[しょゆうしゃふめいとちかんりにん]

☞管理不全土地管理人／所有者不明土地管理人

商 所有と経営の分離 □□□

[しょゆうとけいえいのぶんり]

株式会社においては、会社の所有者である株主が経営に直接関わるのではなく、経営の専門家である取締役に経営を委ねるという原則のこと。この制度により、配当にのみ興味があり経営に無関心な者でも株主になることができるようになる一方、会社は効率的な経営判断が可能になる。

行 自力執行力 □□□

[じりきしっこうりょく]

行政行為によって命じられた義務を国民が履行しない場合に、行政庁が自らの判断で強制執行を行い、その義務の内容を実現できる効力のこと。自力執行力は、法律が特に認めている場合にのみ認められる。自力執行力を基礎づける法律の代表例は、行政代執行法である。

民 事理弁識能力 □□□

[じりべんしきのうりょく]

☞意思能力／事理弁識能力

憲 知る権利 □□□

[しるけんり]

情報を受領し、かつ請求する自由のこと。表現の自由を受け手の側から再構成したもの。

行 侵害的行政行為

[しんがいてきぎょうせいこうい]

☞授益的行政行為／侵害的行政行為

行 侵害留保説 □□□

[しんがいりゅうほせつ]

国民の権利自由を制限・侵害する行政活動には法律の根拠が必要であるという考え方。法律の留保の原則に関する伝統的な通説。たとえば、土地利用を制限する都市計画の決定には、法律の根拠が必要となる。

商 新株予約権 □□□

[しんかぶよやくけん]

株式会社から新株の交付を受ける権利のこと。1万円で新株予約権を行使

きる場合に、その時点での株式の市場価値が1万1,000円であるとすれば、新株予約権を行使することで1,000円安く株式を取得できる。一方、その時点での株式の市場価値が9,000円であるとすれば、新株予約権を行使せずに市場で購入するほうが1,000円安く株式を取得できることになる。このような選択ができる点に、新株予約権のメリットがある。

民 信義誠実の原則（信義則）　□□□
[しんぎせいじつのげんそく（しんぎそく）]
権利の行使や義務の履行に際しては、取引社会に必要とされる良識を守り、相手方を裏切らないように行動すべきだという考え方のこと。

憲 信教の自由　□□□
[しんきょうのじゆう]
宗教の自由のこと。信教の自由には、信仰の自由・宗教的行為の自由・宗教的結社の自由が含まれる。信仰の自由は、純粋に内心にかかわる自由なので制約を受けないが、他の2つは、公共の福祉による制約を受ける。

民 親権　□□□
[しんけん]
子の利益のために、監護・教育、財産管理などをする権限・義務のこと。父母の婚姻中は父母の双方が親権者となり、原則として、父母が共同して親権を行使する。父母が離婚する場合、協議離婚の際は、父母の協議により父母双方（共同親権）または一方を親権者と指定することができる。協議が調わない場合、裁判所は、子の利益の観点から親権者を指定する。共同親権の制度は、令和6年5月24日から2年を超えない範囲内において政令で定める日から施行される予定である。なお、

親権者は、子の法定代理人である。

民 親権喪失制度・親権停止制度／管理権喪失制度　□□□
[しんけんそうしつせいど・しんけんていしいど／かんりけんそうしつせいど]
①親権喪失制度とは、父母による親権の行使が著しく困難・不適当なため子の利益を著しく害するとき（例虐待・悪意の遺棄）に、家庭裁判所が、一定の者の請求により、その父母の親権を喪失させる審判をする制度のこと。親権行使困難の原因が2年以内に消滅する見込みがある場合は、下記②親権停止制度による。
②親権停止制度とは、父母による親権の行使が困難・不適当なため子の利益を害するときに、家庭裁判所が、一定の者の請求により、2年以内の範囲で、その父母の親権を停止する審判をする制度のこと。
③管理権喪失制度とは、父母による財産管理権の行使が困難・不適当なため子の利益を害するとき（例父母の浪費癖）に、家庭裁判所が、一定の者の請求により、その父母の財産管理権を喪失させる審判をする制度のこと。親権の内容である身上監護権と財産管理権のうち、後者のみを喪失させる制度である。

憲 人権の対国家性　□□□
[じんけんのたいこっかせい]
憲法の人権規定は、原則として、国家権力から個人の自由と平等を保障するためのものであるという性質のこと。このことから、憲法は、私人相互の関係を直接規律することを予定するものではないとされる。憲法の私人間効力を認めるためには、憲法の趣旨を私法の一般条項に読み込み、間接的に規律すべきであるとされる（間接適用説）。

ただし、奴隷的拘束・意に反する苦役を禁止した条項や、労働基本権を定めた条項等のように、規定の趣旨からして私人間に直接適用される規定も存在する。

行 人工公物
[じんこうこうぶつ]
☞自然公物／人工公物

行 審査基準／処分基準　□□□
[しんさきじゅん／しょぶんきじゅん]

①審査基準とは、申請により求められた許認可等をするかどうかを、その法令の定めに従って判断するために必要とされる基準のこと。行政庁は、申請の審査基準を法令に従ってできる限り具体的に定め、行政上特別の支障がない限り、事務所への備付けなどの適当な方法で公にしなければならない。審査基準を定めることも、公にすることも、行政庁の法的義務であって、処分基準と異なり、単なる努力義務ではない。

②処分基準とは、行政庁が、不利益処分をするかどうか、どのような不利益処分とするかについて、法令の定めに従って判断するために必要とされる基準のこと。行政庁は、不利益処分の処分基準をできる限り具体的に定め、公にするように努めなければならない。ただし、審査基準と異なり、あくまで努力義務にすぎない。

行 審査請求／再調査の請求／再審査請求　□□□
[しんさせいきゅう／さいちょうさのせいきゅう／さいしんさせいきゅう]

①審査請求とは、行政庁の違法または不当な処分・不作為に対して不服を申し立てること。審査請求先は、原則として、処分庁・不作為庁の最上

級行政庁である。処分庁・不作為庁に上級行政庁がない場合などは、当該処分庁・不作為庁に対して行う。処分に対する審査請求は、処分のあったことを知った日の翌日から3か月以内に行うのが原則である。これに対し、不作為に対する審査請求は、期間の制限がなく、不作為が続く限りできる。

②再調査の請求とは、処分庁自身に対して、事実関係などを再び調査して当該処分の見直しを求めること。再調査の請求ができるのは、審査請求先が処分庁以外の行政庁であって、法が特に認めた場合に限られる。

③再審査請求とは、審査請求の裁決に対して不服を申し立てること。再審査請求ができるのは、法律が特に認めた場合に限られる。また、原裁決があったことを知った日の翌日から起算して1か月以内に行うのが原則である。

再調査の請求と再審査請求は、法律が特に認めた場合に、行政庁の処分に対してのみ可能で、行政庁の不作為に対しては、審査請求しかできない。また、再調査の請求を選択した場合は、その決定を経た後でなければ、審査請求ができない。図式化すると、ⓐ処分（⇨再調査の請求）⇨審査請求⇨再審査請求、ⓑ不作為⇨審査請求、となる。

行 審査請求前置主義
[しんさせいきゅうぜんちしゅぎ]
☞自由選択主義／審査請求前置主義

行 審査請求の取下げ　□□□
[しんさせいきゅうのとりさげ]
審査請求を取り下げること。審査請求は、代理人によってすることができ、代理人は、各自、審査請求に関する一切の行為ができるが、審査請求の取下

げに関しては、特別の委任が必要となる。

基 人事訴訟 □□□
[じんじそしょう]

離婚の訴え・嫡出否認の訴え・認知の訴えなどに関する訴訟のこと。訴えの提起に始まり、公開法廷での審理、判決によって解決される訴訟事件である。その第一審は、家庭裁判所が扱う。

憲 人種 □□□
[じんしゅ]

人間の人類学的種類のこと。国籍は含まれない。憲法は、「すべて国民は、法の下に平等であって、人種、信条、性別、社会的身分または門地により、政治的、経済的または社会的関係において、差別されない」と定めている。

民 心神喪失 □□□
[しんしんそうしつ]

精神上の障害により自己の行為の責任を弁識する能力を欠く状態にあること。心神喪失者は、不法行為責任を負わない。

行 申請／届出 □□□
[しんせい／とどけで]

①申請とは、法令に基づき、行政庁の許可・認可・免許その他の自己に対し何らかの利益を付与する処分（授益的処分）を求める行為であって、行政庁に諾否の応答義務があるもののこと。

②届出とは、行政庁に対し一定の事項の通知をする行為であって、法令により直接に当該通知が義務づけられているもののこと。また、自己の期待する一定の法律上の効果を発生させるためにすべきとされている行政庁に対する通知も、届出に含まれる。

ただし、申請に該当するものを除く。申請と届出は、行政庁の諾否の応答が予定されているかどうかという点が大きく異なる。なお、条文上は「届出」とあっても実際には「申請」と解釈れる場合や、その逆の場合もある。

商 新設合併 □□□
[しんせつがっぺい]

☞吸収合併／新設合併

民 人的担保／物的担保 □□□
[じんてきたんぽ／ぶってきたんぽ]

いずれも、債権回収を確実にするための制度。

①人的担保とは、債務者以外の第三者の資力を債務の引当にする担保制度のこと。保証人などがこれにあたる。

②物的担保とは、債務者などの財産から優先的に債権の回収を図る担保制度のこと。抵当権などがこれにあたる。

民 信頼関係破壊理論 □□□
[しんらいかんけいはかいりろん]

不動産賃借権の無断譲渡・無断転貸がなされても、それが賃貸人に対する背信行為にあたらない特段の事情があるときは、賃貸人に解除権は発生しないという理論のこと。たとえば、同居の親族への賃借権譲渡など、利用主体が実質的に変わらない場合が、これにあたる。

行 審理員 □□□
[しんりいん]

審査請求の審理を行うため、審査庁から指名された者のこと。審査庁所属の職員から選ばれる。審理員は、原則として書面による審理を行い、審理終結後は、遅滞なく審理員意見書を作成し、すみやかに審査庁に提出する。

さ行

民 心裡留保
[しんりりゅうほ]

心裡留保とは、真意を心のうち（裡）に隠し（留保し）、真意とは別のことを表示すること。単独虚偽表示ともいう。心裡留保による意思表示は、原則として有効である。ただし、相手方が悪意または有過失である場合、意思表示は無効となる。

行 随意契約
[ずいいけいやく]

☞一般競争入札／指名競争入札／随意契約

民 随意条件
[ずいいじょうけん]

成就するかどうかが、純粋に債務者の意思だけに左右される条件のこと。随意条件を停止条件とする法律行為は、無効とされる。たとえば、「今夜観る映画が面白かったら夕ご飯をおごってあげる」という場合がこれにあたる。これに対し、随意条件を解除条件とする法律行為については、有効となる。たとえば、「気が乗らなくなったら夕ご飯をおごる約束はなしにする」という場合がこれにあたる。

民 推定の及ばない子
[すいていのおよばないこ]

妻が婚姻中に懐胎した子（原則として嫡出推定の及ぶ子）であるにもかかわらず、夫と血縁関係がないことが明らかなの子のこと。たとえば、夫が服役中に妻が妊娠・出産したような場合が、これにあたる。嫡出推定の及ぶ子について夫が父子関係を争う場合は、嫡出否認の訴えによるのに対し、推定の及ばない子について夫が父子関係を争う場合は、親子関係不存在確認の訴えによる。

基 推定する／みなす
[すいていする／みなす]

①「推定する」とは、2つの事物を一応同一と考えること。推定は、反証によって覆すことができる。

②「みなす」とは、2つの事物を絶対的に同一視すること。「みなす」は、反証を許さない。

民 推定相続人
[すいていそうぞくにん]

相続が開始した場合に相続人となる予定の者のこと。つまり、最も優先順位の高い法定相続人のことである。

民 随伴性
[ずいはんせい]

被担保債権が移転すると、担保物権もそれに伴って移転する性質のこと。たとえば、債権者Aが債務者Bの不動産に抵当権の設定を受けている場合において、債権者Aがその債権を第三者Xに譲渡したときは、その抵当権も第三者Xに移転する。

憲 請願権
[せいがんけん]

国や地方公共団体に対して、希望や苦情を申し述べる権利のこと。請願を受理した機関がそれに応じた措置をとる義務を負うわけではない。

憲 税関検査
[ぜいかんけんさ]

税関職員が、申告内容と貨物の同一性を貨物の現品によって確認すること。税関検査は、検閲にはあたらない。なぜなら、国外ですでに発表済みのものを対象とするのであって、事前に発表そのものを禁止するものではなく、また、関税徴収手続に付随して行われるにすぎず、思想内容等自体を網羅的に

審査し規制することを目的とするものではないからである。

民 請求 □□□
[せいきゅう]

一般には、何らかの行為（作為または不作為）を他人に求めること。民法の時効制度においては、権利者が時効の利益を受ける者に対して、時効の完成を回避するために権利を主張すること。裁判上の請求（訴訟の提起）は、時効の完成猶予の効果を生じさせる。

行 請求の基礎 □□□
[せいきゅうのきそ]

実質的な紛争関係のこと。行政事件訴訟では、取消訴訟の口頭弁論終結前であって、かつ請求の基礎に変更がない限り、取消訴訟の目的である請求を損害賠償請求などに変更できる（訴えの変更）とされている。

憲 政教分離原則 □□□
[せいきょうぶんりげんそく]

国家と宗教の分離（国家の宗教的中立性）を求める原則のこと。政教分離原則は、国家と宗教との関わりを全面的に禁止するものではなく、行為の目的及び効果に鑑み、相当とされる限度を超える関わり合いを禁止している（目的効果基準）。

民 制限行為能力者 □□□
[せいげんこういのうりょくしゃ]

未成年者・成年被後見人・被保佐人・被補助人のこと。民法は、行為能力（1人で完全に有効な法律行為を行うことのできる資格・地位）に制限のあるこれらの者を、制限行為能力者として保護を図っている。

憲 制限選挙 □□□
[せいげんせんきょ]

☞普通選挙／制限選挙

憲 政策的制約 □□□
[せいさくてきせいやく]

☞内在的制約／政策的制約

民 生前贈与 □□□
[せいぜんぞうよ]

被相続人が生きている間に、推定相続人に財産を贈与すること。相続人の中に、婚姻・養子縁組のため、または生計の資本として被相続人から生前贈与を受けた者がいる場合には、相続開始時の被相続人の財産の価額にその贈与の価額を加えたものが相続財産とみなされる。

憲 生存権 □□□
[せいぞんけん]

「健康で文化的な最低限度の生活を営む権利」のこと。生存権は、社会経済的弱者が国家に対して、人間に値する生活を営むことを要求する社会権の1つである。

民 正当防衛／緊急避難 □□□
[せいとうぼうえい／きんきゅうひなん]

①正当防衛とは、他人の不法行為に対し、自己または第三者の権利または法律上保護される利益を防衛するため、やむを得ず加害行為をすること。正当防衛にあたる場合は、行為が正当化され、損害賠償責任を負わない。
②緊急避難とは、他人の物から生じた急迫の危難を避けるためその物を損傷すること。緊急避難にあたる場合も、行為が正当化され、損害賠償責任を負わない。

憲 制度的保障 □□□
[せいどてきほしょう]

憲法上の概念で、一定の制度に対して、その核心部分は立法によっても侵害されないという保護を与え、その制度自体を保障すること。たとえば、政教分離原則は、信教の自由の保障を確保するための制度的保障である。

民 成年／未成年 □□□
[せいねん／みせいねん]

①成年とは、満18歳に達した者のこと。
②未成年とは、満18歳に満たない者のこと。

民 成年後見人・成年被後見人 □□□
[せいねんこうけんにん・せいねんひこうけんにん]

①成年後見人とは、成年被後見人に付される保護者のこと。成年被後見人の財産の管理や財産に関する法律行為の代理などを行う。成年後見人は、後見開始の審判をする際に、家庭裁判所が一切の事情を考慮し、職権で選任する。
②成年被後見人とは、精神上の障害によって事理弁識能力（物事の判断能力）がないのが通常の状態であるため、家庭裁判所が後見開始の審判を行った者のこと。成年被後見人には、保護者として成年後見人が付される。

基 成文法／不文法 □□□
[せいぶんほう／ふぶんほう]

①成文法とは、文書に表された法のこと。
②不文法とは、文書に表されない法のこと。不文法の例として、判例・慣習法・条理などがある。

基 成文法主義
[せいぶんほうしゅぎ]

☞判例法主義／成文法主義

行 税務調査 □□□
[ぜいむちょうさ]

税務署などが会社の申告内容を帳簿などで確認する調査手続のこと。行政調査の代表例。税務調査の実施に際して、調査日時・場所等の事前通知や調査理由の告知は、当然には必要ない。それらは、社会通念上相当な限度にとどまる限り、権限ある税務職員の合理的な選択に委ねられているからである。また、税務検査の質問検査権の行使に裁判官の発する令状も必要ない。しかし、税務検査の質問検査権限を、犯罪捜査のために行使することは許されない。

基 政令／省令／内閣府令 □□□
[せいれい／しょうれい／ないかくふれい]

いずれも、命令（行政権が定立する法）のひとつ。
①政令とは、内閣が制定する命令のこと。
②省令とは、各省大臣が制定する命令のこと。
③内閣府令とは、内閣府の長たる内閣総理大臣が制定する命令のこと。

民 責任財産
[せきにんざいさん]

☞一般財産／責任財産

民 責任能力 □□□
[せきにんのうりょく]

自己の行為の責任を弁識するに足りる知能のこと。乳幼児や心神喪失者には、責任能力がない。責任能力のない者は、不法行為責任を負わない。

商 責任を追及する訴え

[せきにんをついきゅうするうったえ]

☞株主代表訴訟／責任を追及する訴え

憲 積極目的規制　□□□

[せっきょくもくてきせい]

福祉国家の理念に基づき、経済の調和的発展を確保し、社会的・経済的弱者を保護するためになされる規制のこと。社会的・経済的弱者の救済が目的になるため、規制の合憲性審査基準は緩和され、著しく不合理でない限りは合憲とされる。

憲 接受　□□□

[せつじゅ]

外国の大使・公使と儀礼的に接見すること。

憲 摂政　□□□

[せっしょう]

天皇が自らその権能を行使できない場合に、国事行為を代行する機関のこと。摂政は、天皇の名で国事行為を行い、その行為は、法律上、天皇の行為とみなされる。

商 絶対的記載事項／相対的記載事項／任意的記載事項　□□□

[ぜったいてきさいじこう／そうたいてきさいじこう／にんいてきさいじこう]

①絶対的記載事項とは、会社の規則として必ず定めなければならず、かつ、会社の定款に必ず記載しなければならない事項のこと。絶対的記載事項を記載しないと、定款自体が無効となる。ⓐ目的、ⓑ商号、ⓒ本店所在地、ⓓ発起人の氏名・名称及び住所、ⓔ設立に際して出資される財産の額またはその最低額が、その例である。

②相対的記載事項とは、会社の規則として定めるかどうかは自由だが、定めた場合は、定款に記載しなければその効力が生じない事項のこと。相対的記載事項を記載しなくても、定款自体は有効だが、記載しなかった相対的記載事項は無効となる。ⓐ株式の譲渡制限に関する事項、ⓑ公告の方法などが、その例である。

③任意的記載事項とは、会社の規則として定めるかどうかも、それを定款に記載するかどうかも自由とされる事項のこと。そして、定款に記載しなくても、その効力は否定されない。法律の範囲内であれば、何でも自由に定めることができる。ただし、定款に記載した場合、それを変更するときは、定款変更が必要となる。

民 絶対的効力／相対的効力　□□□

[ぜったいてきこうりょく／そうたいてきこうりょく]

①絶対的効力とは、1人の連帯債務者に生じた事由の効力が、他の連帯債務者にも及ぶこと。

②相対的効力とは、1人の連帯債務者に生じた事由の効力が、他の連帯債務者に及ばないこと。

たとえば、1人の連帯債務者が弁済すれば、他の連帯債務者も、その弁済額の分だけ債務を免れることになる。これが絶対的効力である。一方、債権者が連帯債務者の1人に履行の請求をしても、他のすべての連帯債務者に請求したことにはならない。これが相対的効力である。

憲 絶対的自由　□□□

[ぜったいてきじゆう]

憲法上、いかなる制約にも服さない自由のこと。たとえば、思想及び良心の自由や信仰の自由は、人間の内面に止まるものであって、他者の利益と衝突することはないため、絶対的自由とさ

れている。

商 絶対的商行為
[ぜったいてきしょうこうい]

☞営業的商行為／絶対的商行為／附属的商行為

憲 絶対的平等／相対的平等　□□□
[ぜったいてきびょうどう／そうたいてきびょうどう]

①絶対的平等とは、例外を一切許さない平等のこと。

②相対的平等とは、合理的な差異を許容する平等のこと。

憲法14条1項にいう「法の下の平等」とは、相対的平等をさす。

基 絶対的不定期刑　□□□
[ぜったいてきふていきけい]

刑の種類だけを決め、刑期を定めない刑のこと。絶対的不定期刑は、刑罰を法定したとはいえず、罪刑法定主義に反する。そのため、絶対的不定期刑は禁止されている。

商 設立時取締役　□□□
[せつりつじとりしまりやく]

発起設立において、会社設立に際して取締役となる者のこと。設立時取締役は、設立手続を調査し、法令・定款に違反する事項または不当な事項があれば、発起人に通知する必要がある。

商 設立時発行株式　□□□
[せつりつじはっこうかぶしき]

会社設立に際して発行する株式のこと。発起設立においては、設立時発行株式のすべてを発起人が引き受ける。これに対して、募集設立においては、発起人は設立時発行株式の一部だけを引き受け、残りについては、株式引受人を募集する。したがって、募集設立

のほうが、一般から資金を調達して大規模な株式会社を設立するのに適している。

商 設立無効／会社の不存在　□□□
[せつりつむこう／かいしゃのふそんざい]

①設立無効とは、設立登記がなされたものの設立の過程に違法な点があり、設立自体が無効とされる場合のこと。設立無効は、株主等が会社成立の日から2年以内に訴えをもって主張することができる。

②会社の不存在とは、会社の設立手続に着手したものの設立登記まで至らなかった場合のこと。会社の不存在は、誰でも主張することができる。

民 善意
[ぜんい]

☞悪意／善意

民 善意取得
[ぜんいしゅとく]

☞即時取得／善意取得

行 先願主義　□□□
[せんがんしゅぎ]

1つしかない法的地位に対して複数の許可申請がなされた場合、先願者が法定の許可基準を満たしていれば、先願者に許可を与えなければならないという考え方。

憲 選挙権／被選挙権　□□□
[せんきょけん／ひせんきょけん]

①選挙権とは、公務員を選定・罷免する権利のこと。

②被選挙権とは、公務員に立候補する権利のこと。

選挙権・被選挙権の具体的な要件は、表のとおりである。

■選挙権・被選挙権

選挙権	
衆参両議院議員	満 18 歳以上の日本国民であること
知事・都道府県議会議員	満 18 歳以上の日本国民であって、引き続き 3 か月以上その都道府県の同一市区町村に住所のある者
市区町村長・市区町村議会議員	満 18 歳以上の日本国民であって、引き続き 3 か月以上その市区町村に住所のある者

被選挙権	
衆議院議員	満 25 歳以上の日本国民であること
参議院議員	満 30 歳以上の日本国民であること
都道府県知事	満 30 歳以上の日本国民であること
都道府県議会議員	満 25 歳以上の日本国民であってその都道府県議会議員の選挙権を有すること
市区町村長	満 25 歳以上の日本国民であること
市区町村議会議員	満 25 歳以上の日本国民であってその市区町村議会議員の選挙権を有すること

行 専決／代決　□□□

[せんけつ／だいけつ]

①専決とは、権限を有する行政庁が、補助機関に対して、その事務処理を委任すること。

②代決とは、権限を有する者が不在などにより決済できない場合に、他の者が臨時にその事務処理をすること。

専決・代決は、あくまで行政機関内部の問題であって、外部的には本来の担当行政機関の名で表示され、責任も当該機関が負う。そのため、専決・代決に法律の根拠は必要ない。

憲 前国家的権利／後国家的権利

□□□

[ぜんこっかてきけんり／こうこっかてきけんり]

①前国家的権利とは、国家の存在とは関係なく、人間が生まれながらにして持っているものと考えられている権利のこと。

②後国家的権利とは、国家の存在を前提とし、国家が成立した後に認められるものと考えられている権利のこ

と。

たとえば、生命や身体の自由などは、国家が存在する以前に人間として尊重されるべき権利であるため、前国家的権利とされる。これに対して、参政権や、国家の給付が必要となる権利（例生活保護給付）は、国家の存在が前提となるため、後国家的権利とされる。

民 選択債権　□□□

[せんたくさいけん]

債権の目的物が、複数の給付の中から選択できる場合のこと。たとえば、「抽選で温泉旅行かクルーズディナーをプレゼント」という場合が、これにあたる。選択債権の選択権は、当事者間に特約がない限り、債務者に属する。

憲 前文　□□□

[ぜんぶん]

法の表題のすぐ後に付され、法の目的や精神を述べた文章のこと。日本国憲法にも前文があり、憲法の一部として、法規範性が認められている。しかし、その抽象性から、裁判規範性は認めら

れず、前文を直接の根拠として裁判をすることはできない。

民 占有 □□□
[せんゆう]

物を所持すること、つまり、自分の支配下に置いていること。占有に基づいて認められる一種の物権を占有権という。占有権は、所有権などの物を支配できる権原（本権）とは別に、物を支配しているという事実状態として保護される。

民 占有回収の訴え □□□
[せんゆうかいしゅうのうったえ]

占有者がその占有を奪われた場合に、奪った者に対し、その物の返還及び損害賠償を請求する権利のこと。占有回収の訴えは、占有を奪われた時から1年以内に提起しなければならない。なお、質権者が質物の占有を奪われた場合は、質権に基づく返還請求をすることはできず、占有回収の訴えによらなければならない。

民 占有改定 □□□
[せんゆうかいてい]

譲渡人が、譲渡後も占有代理人として目的物を所持するという意思を表示すること。民法は、「代理人が自己の占有物を以後本人のために占有する意思を表示したときは、本人は、これによって占有権を取得する」と定めており、占有改定によって、占有権が移転する。

民 占有訴権 □□□
[せんゆうそけん]

占有訴権とは、事実的支配の回復を目的とする占有保護請求権のこと。占有の訴えともいう。占有訴権には、占有回収の訴え・占有保持の訴え・占有保全の訴えの3種類がある。

民 占有保持の訴え □□□
[せんゆうほじのうったえ]

占有者がその占有を妨害された場合に、妨害者に対し、妨害者の費用で妨害の排除を請求する権利のこと。妨害者の故意・過失は要件ではなく、隣地の木が暴風によって倒れてきた場合も、占有保持の訴えを提起できる。占有保持の訴えは、妨害が存在する間または妨害消滅後1年内に提起しなければならない。

民 占有保全の訴え □□□
[せんゆうほぜんのうったえ]

占有者がその占有を妨害されるおそれがある場合に、現に占有を妨害するおそれのある者に対して、妨害の予防または損害賠償の担保を請求する権利のこと。たとえば、借地の隣家の石垣が崩壊寸前で、借地の占有が妨害されるおそれがある場合、借地人は隣人に対し、崩壊防止措置をとるか、または崩壊した場合の損害賠償の担保を提供するよう求めることができる。占有保全の訴えは、妨害の危険がある限り、提起できる。

民 善良なる管理者の注意義務（善管注意義務）／自己の財産に対するのと同一の注意義務 □□□
[ぜんりょうなるかんりしゃのちゅういぎむ（ぜんかんちゅういぎむ）／じこのざいさんにたいするのとどういつのちゅういぎむ]

①善良なる管理者の注意義務（善管注意義務）とは、取引上において一般的・客観的に要求される程度の注意義務のこと。その内容は、契約その他の債権の発生原因及び取引上の社会通念に照らして判断される。

②自己の財産に対するのと同一の注意義務とは、自分の財産を管理する場合と同程度の注意義務のこと。

①に比べて、②は注意義務の程度が軽減される。たとえば、寄託契約の場合、受寄者の注意義務は、無償契約であれば自己の財産に対するのと同一の注意義務で足りるのに対して、有償契約であれば善管注意義務が求められる。

商 総会検査役 □□□
[そうかいけんさやく]

株主総会の招集手続や決議の方法を調査するため、裁判所が選任する検査役のこと。株主総会の混乱が予想される場合などには、招集手続と決議方法の公正さを調査し、決議の成否に関する証拠を保全するため、議決権の100分の1以上を有する株主の申立てにより、裁判所に総会検査役の選任を請求できる。

憲 争議行為 □□□
[そうぎこうい]

労働者が労働条件の改善を求めて行うストライキなどのこと。争議行為は、団体行動の中心を成すものであり、憲法によって保障されている。ただし、憲法が保障するのは、経済的地位の向上と直接関係のある争議行為であって、政治的目的の争議行為は、保障の対象外である。

行 相互保証主義 □□□
[そうごほしょうしゅぎ]

国家賠償法上、被害者が外国人の場合には、その外国で日本人が被害者となったときに日本人がその外国から国家賠償を受けられるときに限り、国家賠償法が適用されるというルールのこと。

民 相殺 □□□
[そうさい]

自己の債権（自働債権または反対債権）と相打ちにする形で自己の債務（受働債権）を消滅させること。相殺により、債務は、相殺適状時に遡って、債権との対当額（債権額・債務額のいずれか少ないほうの額）だけ消滅する。

民 相殺適状 □□□
[そうさいてきじょう]

当事者双方の債権が相殺に適した状態であること。相殺適状になるためには、同種の目的であって、相殺可能な自働債権と受働債権が存在し、いずれの債権も弁済期にある必要がある。

民 造作買取請求権 □□□
[ぞうさくかいとりせいきゅうけん]

借家契約終了時に、借家人が賃貸人の同意を得て建物に付け加えた造作を、賃貸人に買取請求する権利のこと。造作とは、畳・建具、電気・水道施設などをいう。

憲 総辞職 □□□
[そうじしょく]

内閣を構成するすべての大臣が辞職すること。内閣が総辞職しなければならないのは、次の場合である。

①衆議院で内閣不信任の決議案が可決された場合または内閣信任の決議案が否決された場合で、10日以内に衆議院を解散しないとき。

②衆議院議員総選挙の後に初めて国会が召集されたとき。

③内閣総理大臣が国会議員たる地位を失ったとき。内閣総理大臣が死亡した場合や日本国籍を失った場合も同じ。

民 相続 □□□
[そうぞく]

故人の遺産を一定の遺族が受け継ぐこと。故人を被相続人、遺産を受け継ぐ

者を相続人、受け継がれる財産を相続財産という。相続は、人の死亡や失踪宣告による死亡の擬制によって開始する。

民 相続回復請求権 □□□
[そうぞくかいふくせいきゅうけん]

表見相続人（一見すると相続人のように見えるが実際には相続権のない者）が相続人と称して相続財産を占有している場合に、真正の相続人がその者に対して相続財産の返還を求める権利のこと。この権利は、相続権侵害の事実を知った時から5年間行使しないとき、または相続開始の時から20年を経過したときに、時効消滅する。

民 相続欠格事由 □□□
[そうぞくけっかくじゆう]

本来は相続人となるはずの者が、法律上当然に相続権を失う事由のこと。具体的には、次のような場合である。
①被相続人や、相続順位が自分と同等またはそれ以上の者に対する殺人・殺人未遂で刑に処せられた場合
②被相続人が殺害されたことを知りながら告訴・告発をしなかった場合（一定の例外あり）
③詐欺・強迫により、被相続人の自由意思による遺言を妨害した場合
④被相続人の遺言書を偽造・変造・破棄・隠匿した場合

民 相続順位 □□□
[そうぞくじゅんい]

相続が発生した場合に、被相続人の法定相続人となることができる者の順位のこと。まず、配偶者は、常に相続人となる（別格）。そして、第一順位は、子。子がなく、代襲相続する直系卑属（孫など）もない場合の第二順位は、親。親もなく、それより上の直系尊属もな

い場合の第三順位は、兄弟姉妹となる。

民 相続による権利の承継の対抗要件 □□□
[そうぞくによるけんりのしょうけいのたいこうようけん]

相続により、法定相続分を超えて財産等の権利を承継した相続人は、その超えた部分については、対抗要件（例登記・登録）を備えなければ、第三者に対抗できないという制度のこと。権利の承継が遺産分割による場合であっても、特定財産承継遺言による場合であっても、同様である。

民 相続分取戻権 □□□
[そうぞくぶんとりもどしけん]

共同相続人の1人が遺産分割前にその相続分を第三者に譲渡した場合に、他の共同相続人がその価額及び費用を償還して、その相続分を取り戻す権利のこと。相続分を第三者に譲渡されることにより遺産分割協議に他人が介入することを避けるため、共同相続人に認められた権利である。相続分取戻権は、相続分の譲渡があった時から1か月以内に行使しなければならない。

民 相続放棄
[そうぞくほうき]

☞単純承認／限定承認／相続放棄

商 相対的記載事項
[そうたいてききさいじこう]

☞絶対的記載事項／相対的記載事項／任意的記載事項

民 相対的効力
[そうたいてきこうりょく]

☞絶対的効力／相対的効力

憲 相対的平等
[そうたいてきびょうどう]

☞絶対的平等／相対的平等

民 相当因果関係
[そうとういんがかんけい]

☞事実的因果関係／相当因果関係

民 双方代理
[そうほうだいり]

☞自己契約／双方代理

商 双方的商行為
[そうほうてきしょうこうい]

☞一方的商行為／双方的商行為

民 双務契約／片務契約 □□□
[そうむけいやく／へんむけいやく]

①双務契約とは、当事者双方が相互に対価的な関係にある債務を負う契約のこと。売買契約が代表例である。

②片務契約とは、一方当事者だけが債務を負うことになる契約、または双方の債務が対価的な関係にない契約のこと。贈与契約が代表例である。

民 贈与 □□□
[ぞうよ]

当事者の一方（贈与者）がある財産を無償で相手方（受贈者）に与える契約のこと。相手方の反対給付なしに、ただで財産を与える契約が贈与である。また、書面によらない贈与については、各当事者に解除権が認められている。

商 創立総会 □□□
[そうりつそうかい]

募集設立の設立時株主によって構成される議決機関のこと。募集設立の場合、創立総会の決議によって設立時取締役などを選任する。

民 相隣関係 □□□
[そうりんかんけい]

隣接する不動産の所有者で、通行や排水、境界などの問題に関して相互の土地利用を調整し合う関係のこと。囲繞地通行権（袋地の所有者が公道に出るため他人の土地を通行する権利）が代表例。

行 即時強制 □□□
[そくじきょうせい]

差し迫った人身・財産等への危険を回避するためなど、国民に命令を発して自発的対応を待っていては事柄の性質上目的を達しえない場合に、行政が義務を課すことなく直ちに国民の身体や財産に対して実力を行使して、行政上必要な状態を実現することをいう。

基 属地主義・属人主義 □□□
[ぞくちしゅぎ・ぞくじんしゅぎ]

①属地主義とは、日本国内（領土・領海・領空）で罪を犯したすべての者に日本の刑法を適用するという考え方のこと。我が国の原則は属地主義である。

②属人主義とは、日本国民が加害者または被害者となった場合に日本の刑法を適用するという考え方のこと。放火罪・窃盗罪などについては、加害者が日本国民である場合には、犯罪地の内外を問わず日本の刑法が適用される。また、殺人罪や強盗罪については、被害者が日本国民である場合には、海外において罪を犯した外国人にも日本の刑法が適用される。

民 即時取得／善意取得 □□□
[そくじしゅとく／ぜんいしゅとく]

即時取得とは、動産の占有者がその所有者であると善意無過失で信頼し、取引行為によりその動産を取得した者が、その動産の所有権を即時に取得（原

さ行

始取得）すること。善意取得ともいう。即時取得が認められるのは動産のみであって、不動産には認められない。動産であっても、登録された自動車は、即時取得の対象外となる。また、金銭は即時取得の対象とならない。なお、即時取得が認められるためには、現実の引渡し・簡易の引渡し・指図による占有移転のいずれかの方法で引渡しを受ける必要がある。占有改定による占有の取得では、即時取得できない。

商 組織再編　□□□
[そしきさいへん]

会社の組織を編成しなおすこと。具体的には、合併・分割・株式交換・株式移転・株式交付がある。企業が事業拡大または事業縮小をする場合に、これらの手法が利用される。

商 組織変更　□□□
[そしきへんこう]

株式会社が持分会社になること、または、持分会社が株式会社になること。なお、持分会社間での種類変更（例合名会社→合同会社）は、組織変更ではない。

民 訴訟告知義務　□□□
[そしょうこくちぎむ]

債権者が債権者代位訴訟を提起した際、債務者に対してその旨を告知する義務のこと。

行 訴訟要件　□□□
[そしょうようけん]

訴えの提起が適法となるための要件のこと。行政訴訟上の取消訴訟における訴訟要件は、次のとおりである。
①処分性：行政庁の処分・裁決が存在すること。
②原告適格：原告が訴訟を提起する資格を有すること。
③訴えの利益：訴訟を提起する実益があること。
④被告適格：適切な相手を被告とすること。
⑤裁判管轄：適切な管轄の裁判所に訴訟を提起すること。
⑥出訴期間：法定期間内に訴訟を提起すること。
⑦審査請求前置：審査請求に対する裁決を経た後に訴訟を提起すべきことが法定されている場合に、これを守っていること。

憲 租税法律主義　□□□
[そぜいほうりつしゅぎ]

新たに租税を課したり、現行の租税を変更したりするには、法律または法律の定める条件によらなければならないというルールのこと。

民 損益相殺　□□□
[そんえきそうさい]

損害の発生と同一の原因によって被害者が利益を得た場合、公平の見地から、その利益を賠償額から控除すること。たとえば、交通事故において自賠責保険金を受け取った場合がこれにあたる。しかし、生命保険金は、損益相殺の対象とはならない。生命保険金は保険料の対価としての性質を持ち、不法行為の原因と関係なく支払われるものだからである。

民 損害賠償額の予定　□□□
[そんがいばいしょうがくのよてい]

当事者間で、「債務不履行があれば一定額の損害賠償をする」という合意をあらかじめしておくこと。この場合、債権者は、債務不履行の事実さえ立証すれば、合意した賠償額を請求できる。損害の発生やその額について立証する

必要はない。しかし、予定額と実際の損害額が異なる場合でも、当事者間で増減を求めることはできない。裁判所さえも、その額を増減することはできない。ただし、債権者側に過失がある場合には、過失相殺を行ってよい。

行 損失補償制度

[そんしつほしょうせいど]

☞国家賠償制度／損失補償制度

行 存否応答拒否／グローマー拒否

☐☐☐

[そんぴおうとうきょひ／ぐろーまーきょひ]

存否応答拒否とは、開示請求に対して、行政文書の存在を答えるだけで不開示情報の開示となる場合に、行政庁の長が、その行政文書の存在自体を明らかにしないまま開示請求を拒否すること。グローマー拒否ともいう。

たとえば、ハンセン病の国立病院の入院歴に関する情報が記録された行政文書の開示請求に対して、不開示情報を含むことを理由に不開示処分とすると、その応答により特定個人の病歴が明らかになってしまう。そのため、行政庁の長は、行政文書の存在を明らかにしないまま開示請求を拒否することができる。

た行

行 代位責任説 □□□
[だいいせきにんせつ]

公務員が不法行為により他人に損害を与えた場合に、国家がその責任を負うのは、公務員という個人の責任を肩代わりするものであるとする考え方。本来的に責任を負うべきは違法行為を行った公務員個人だが、それでは被害者の救済に欠けること、また、それを求めれば公務員が萎縮し、公務の遂行に支障を生じるおそれがあることをその理由とする。

行 第1号法定受託事務・第2号法定受託事務 □□□
[だいいちごうほうていじゅたくじむ・だいにごうほうていじゅたくじむ]

①第1号法定受託事務とは、都道府県・市町村・特別区が処理するとされる法定受託事務のうち、国が本来果たすべき役割に係るものであって、国においてその適正な処理を特に確保する必要があると、法律または政令に特に定めるもののこと。たとえば、国政選挙や生活保護の決定に関する事務がこれにあたる。

②第2号法定受託事務とは、市町村・特別区が処理するとされる法定受託事務のうち、都道府県が本来果たすべき役割に係るものであって、都道府県においてその適正な処理を特に確保する必要があると、法律または政令に特に定めるもののこと。たとえば、地方選挙（都道府県議会選挙・知事選挙）に関する事務がこれにあたる。

民 代位弁済
[だいいべんさい]

☞弁済による代位／代位弁済

商 大会社 □□□
[だいがいしゃ]

最終事業年度に係る貸借対照表に資本金として計上した額が5億円以上である株式会社、または、最終事業年度に係る貸借対照表の負債の部に計上した額の合計額が200億円以上である株式会社のこと。

憲 大学の自治 □□□
[だいがくのじち]

大学の管理運営が、国家権力の介入を受けることなく、自主的に行われること。なお、大学の自治の法的性格は、学問の自由そのものを保障するための制度的保障だと考えられている。

民 代価弁済
[だいかべんさい]

☞抵当権消滅請求／代価弁済

民 代金分割
[だいきんぶんかつ]

☞現物分割／代金分割／賠償分割

行 代決
[だいけつ]

☞専決／代決

民 対抗 □□□
[たいこう]

自分の権利などを相手に主張すること。

民 第三者効

［だいさんしゃこう］

☞対世的効力／第三者効

民 第三者のためにする契約　□□□

［だいさんしゃのためにするけいやく］

当事者の一方が第三者に対してある給付をすることを内容とする契約のこと。その第三者は、債務者に対して直接その給付を請求する権利を有する。たとえば、AがBに時計を売り、Bはその代金を第三者Cに渡すという契約がこれにあたる。この場合のAを要約者、Bを諾約者、Cを受益者という。

民 第三者弁済　□□□

［だいさんしゃべんさい］

第三者が他人の債務を弁済すること。第三者による弁済も有効である。ただし、弁済をするについて正当な利益を有しない第三者は、①債務者の意思に反して弁済できず（ただし債務者の意思に反することを債権者が知らなかったときは可能）、②債権者の意思に反して弁済できない（ただし第三者が債務者の委託を受けた者であって債権者がそれを知っていたときは可能）。なお、債務の性質が第三者弁済を許さないとき、当事者が第三者弁済を禁止・制限する旨の意思表示をしたときは、第三者弁済はできない。

民 胎児　□□□

［たいじ］

出生前の子のこと。胎児には権利能力が認められていない。しかし、民法は、①不法行為による損害賠償請求権、②相続、③遺贈については、胎児を「すでに生まれたものとみなす」としている。これは、生きて生まれた場合に、問題となった時に遡って権利能力を認め、その権利保護を図る趣旨である。したがって、胎児の時点で、母親が胎児の代理人として権利を行使することはできない。

行 代執行　□□□

［だいしっこう］

他人が代わって行うことのできる義務（代替的作為義務）の不履行について、行政庁が自ら履行し、または第三者に履行させて、その費用を義務者から徴収する制度のこと。代執行は、行政代執行法を根拠法とし、その規定に従って行われる。代執行にあたっては、あらかじめ文書による戒告及び代執行令書による通知が必要である。ただし、緊急の必要がある場合は、これらを省略できる。

民 代襲相続　□□□

［だいしゅうそうぞく］

本来相続人となるはずの被相続人の子が、相続開始時にすでに死亡していた場合に、被相続人の孫（子の子）が子に代わって相続人になること。被相続人の子が廃除や欠格事由該当によって相続権を失っていた場合も、代襲相続は発生する。ただし、被相続人の子が相続を放棄したときは、代襲相続は発生しない。なお、代襲相続人の法定相続分は、被代襲者と同じである。

民 代償請求権　□□□

［だいしょうせいきゅうけん］

債務の履行不能が生じた際、不能となったのと同じ原因により、債務者が債務の目的物の代償となる利益を取得した場合に、債権者がその利益の償還を求める権利のこと。たとえば、建物が焼失したため賃借人の建物返還義務が履行不能となったが、賃借人が火災保険金を取得していたという場合、賃貸人は、代償請求として火災保険金相当額の償還を求めることができる。

行 対世的効力／第三者効 □□□
[たいせいてきこうりょく／だいさんしゃこう]

対世的効力とは、取消訴訟の認容判決の効力は第三者にも及ぶという性質のこと。第三者効ともいう。

民 代諾縁組 □□□
[だいだくえんぐみ]

養子となる者が15歳未満である場合に、その法定代理人が、これに代わって、縁組の承諾をすること。15歳未満の者を養子にする縁組は、その法定代理人の代諾によって行う。

憲 大統領制
[だいとうりょうせい]

☞議院内閣制／大統領制

商 代表執行役 □□□
[だいひょうしっこうやく]

指名委員会等設置会社において、代表権を行使する者として取締役会が執行役の中から選定したもののこと。

商 代表取締役 □□□
[だいひょうとりしまりやく]

業務を執行し、会社を代表する取締役のこと。取締役会が設置された場合、取締役会は、取締役の中から、代表取締役を選定しなければならない。代表取締役が複数いる場合でも、各自が単独で会社を代表する。また、代表権を制限しても、善意の第三者に対抗できない。

民 代物弁済 □□□
[だいぶつべんさい]

債権者の承諾を得て、本来の給付内容と異なる他の給付をすること。借金10万円を返済する代わりにギターを与える行為がこれにあたる。「他の給付」を完了すると、弁済と同一の効力が生じ、債権は消滅する。他の給付の「完了」とは、目的物が動産の場合は引き渡すことであり、不動産の場合は登記をすることである。

民 代理 □□□
[だいり]

代理人のした意思表示の効果を直接本人に帰属させる制度のこと。代理には、任意代理と法定代理がある。

民 代理権の濫用 □□□
[だいりけんのらんよう]

代理人が、自己または第三者の利益を図る目的で、代理権の範囲内の行為をすること。この場合、相手方が悪意（目的を知っていた）または有過失（目的を知ることができた）であるときは、その行為は無権代理とみなされる。

基 大陸法
[たいりくほう]

☞英米法／大陸法

民 代理権 □□□
[だいりけん]

代理人が自分の意思表示の効果を本人に帰属させるための権限（資格・地位）のこと。任意代理の場合には、委任契約などの契約によって、本人が代理権を授与する。法定代理の場合には、本人の意思とは無関係に代理権が発生する。その範囲は、法律で定められている。

商 代理商 □□□
[だいりしょう]

ある商人から委託されて、その商人のために、継続的にその営業の部類に属する取引の代理または媒介をする独立した商人のこと。代理商は、それ自身が独立した商人であり、委託した商人を外部から補助する。代理商には、締

約代理商と媒介代理商がある。

民 代理占有／間接占有 □□□
[だいりせんゆう／かんせつせんゆう]

代理占有とは、本人が他人（占有代理人）を通じて間接的に物を占有すること。間接占有ともいう。代理占有によって、本人に占有権が認められる。たとえば、土地の所有者Aがその所有地を他人Bに賃貸して引き渡しても、土地の所有者Aは、賃借人Bを通じて、間接的にその土地を支配している。そのため、土地の所有者Aにも、賃貸した土地の占有権が認められる。

民 諾成契約／要物契約 □□□
[だくせいけいやく／ようぶつけいやく]

①諾成契約とは、申込みと承諾といった当事者の合意のみで成立する契約のこと。

②要物契約とは、当事者の合意に加え、目的物が引き渡されて初めて成立する契約のこと。

民法が規定する契約は、書面によらない消費貸借契約を除き、すべて諾成契約である。

民 他主占有 _____
[たしゅせんゆう]

☞自主占有／他主占有

民 建物明渡猶予制度 □□□
[たてものあけわたしゆうよせいど]

抵当権に対抗できない賃貸借（抵当権設定後の賃貸借）について、抵当権の実行による競売がなされた場合に、賃借人は、競落人の買受けの日から6か月間に限り、その不動産を明け渡さなくてよいという制度のこと。賃貸人の資金難により抵当権が実行された場合に、賃借人がすぐに不動産を明け渡さなくて済むよう猶予を与えるという趣

旨から創設された制度である。ただし、賃借人は買受人に使用の対価を支払わなければならない。

民 建物買取請求権 □□□
[たてものかいとりせいきゅうけん]

借地権の存続期間が満了し、契約更新をしない場合に、借地人が地主に対して建物の買取りを請求する権利のこと。買取請求がなされた時点で、地主の意思にかかわらず、売買契約が成立したとみなされる。借地人が契約更新を望むにもかかわらず、地主が正当な理由をもって拒否するような場合に活用される。

商 妥当性監査／適法性監査 □□□
[だとうせいかんさ／てきほうせいかんさ]

①妥当性監査とは、取締役の裁量的判断一般の当否をチェックし、指摘すること。

②適法性監査とは、職務執行が法令・定款に違反していないかをチェックし、指摘すること。

監査役の監査には、原則として妥当性監査は含まれない。

民 他人効 □□□
[たにんこう]

有効な代理行為の効果が、代理人ではなく、本人に帰属すること。

民 他人物売買 □□□
[たにんぶつばいばい]

他人の物を目的物とする売買のこと。他人物売買も、当事者間では有効である。そのため、売主は、売買の目的物の所有権を取得して買主に移転する義務を負う。売主が買主に目的物の所有権を移転できない場合、買主は、債務不履行として契約を解除し、損害賠償請求をすることができる。

憲 弾劾裁判所　□□□
[だんがいさいばんしょ]

裁判官が職務上の義務に著しく違反し、職務をはなはだしく怠り、または裁判官としての威信を著しく損なう非行があった場合に、その裁判官を罷免するかどうかを決定する裁判所のこと。国会に設置される。弾劾裁判所は特別裁判所にあたるが、憲法が認めた例外として許容されている。

民 短期賃貸借　□□□
[たんきちんたいしゃく]

処分の権限を有しない者（例被保佐人・不在者の財産管理人）でもできる短期間の賃貸借のこと。具体的には、次の期間を限度とする。
①樹木の栽植・伐採目的の山林の賃貸借 = 10年
②それ以外の土地の賃貸借 = 5年
③建物の賃貸借 = 3年
④動産の賃貸借 = 6か月

憲 団結権・団体交渉権・団体行動権　□□□
[だんけつけん・だんたいこうしょうけん・だんたいこうどうけん]

いずれも労働基本権のひとつ。合わせて労働三権という。
①団結権とは、労働組合を結成する権利のこと。
②団体交渉権とは、労働条件について使用者と交渉する権利のこと。
③団体行動権とは、労働条件実現のために、労働組合が団体行動を行うこと。争議権ともいわれる。

商 単元株制度　□□□
[たんげんかぶせいど]

一定数の株式を1単元の株式と定めることにより、株主が、株主総会・種類株主総会において、1単元について1個の議決権を持つようになる制度のこと。単元株制度を採用する場合は、定款で定める必要がある。

商 単元未満株式　□□□
[たんげんみまんかぶしき]

単元株制度において生じる1単元の株式数に満たない株式のこと。単元未満株式しか持たない株主は、議決権を行使できないため、単元未満株式の買取請求権が認められている。また、定款に定めがあれば、株主は、会社に対して、現在所有する単元未満株式を単元株式にするために必要な数の株式を売り渡すよう請求できる（売渡請求権）。

民 単純承認／限定承認／相続放棄　□□□
[たんじゅんしょうにん／げんていしょうにん／そうぞくほうき]

①単純承認とは、被相続人のプラスの財産もマイナスの財産も、すべて無条件に受け継ぐという意思表示のこと。
②限定承認とは、被相続人のプラスの財産の限度で受け継ぐという意思表示のこと。最終的にマイナスのほうが多い場合、相続人はその責任を負わない。共同相続人がいる場合、限定承認は、全員が揃ってしなければならない。
③相続放棄とは、被相続人のプラスの財産もマイナスの財産も一切受け継がないという意思表示のこと。
なお、限定承認と相続放棄は、相続が発生したことを知った時から3か月以内に、家庭裁判所に申述する必要がある。それがない場合は、単純承認したものとみなされる。
また、相続人が相続財産を処分したときや、限定承認・相続放棄をした後に相続財産を隠蔽したり私的に消費した

りしたときも、原則として単純承認したとみなされる。これらの場合を<u>法定単純承認</u>という。

行 団体自治
[だんたいじち]

☞住民自治／団体自治

商 単独株主権／少数株主権 □□□
[たんどくかぶぬしけん／しょうすうかぶぬしけん]

①<u>単独株主権</u>とは、1株しか持っていない株主でも行使できる権利のこと。<u>配当請求権・株主総会での議決権</u>が代表例。

②<u>少数株主権</u>とは、いわゆる大株主（発行済株式総数の一定割合以上または総株主の議決権の一定割合以上・一定数以上の株式を保有する株主）だけが行使できる権利のこと。<u>株主総会招集請求権・役員解任請求権</u>が代表例。

民 担保物権 □□□
[たんぽぶっけん]

債務者の弁済を確実なものにするため、債権者が債務者または第三者の「物」の価値を押さえておく権利。法定担保物権として<u>留置権・先取特権</u>、約定担保物権として<u>抵当権・質権</u>がある。

行 地域自治区 □□□
[ちいきじちく]

市町村内の区域を単位として、一定の行政事務を処理するための組織・機構を備える行政区画のこと。法人格は有しない。地域自治区には、<u>事務所</u>（窓口業務を行う）・<u>地域協議会</u>（市町村長などからの諮問を受け付ける）を置かなければならない。その構成員は、当該区域内に住所を有する者の中から<u>市町村長</u>が選任する。

民 地役権 □□□
[ちえきけん]

契約で定めた目的の範囲内で、他人の土地（<u>承役地</u>）を自分の土地（<u>要役地</u>）のために利用する権利のこと。公道に出るために他人の私道を通行する<u>通行地役権</u>などが代表例。

民 遅延賠償／塡補賠償 □□□
[ちえんばいしょう／てんぽばいしょう]

①<u>遅延賠償</u>とは、履行遅滞の場合に、債権者が、本来の給付の請求に加えて、履行が遅れたことによる損害の賠償を請求すること。

②<u>塡補賠償</u>とは、ⓐ履行不能の場合、ⓑ明確な履行拒絶があった場合、ⓒ契約解除の場合または解除権発生の場合に、債権者が、本来の給付に代わる価額の賠償を請求すること。「債務の履行に代わる損害賠償」ともいう。

民 地上権 □□□
[ちじょうけん]

<u>工作物</u>または<u>竹木</u>を所有するために、他人の土地を使用する権利のこと。

民 父を定める訴え □□□
[ちちをさだめるうったえ]

<u>重婚禁止規定</u>に違反して婚姻をした女が出産した場合において、その子の父を定めることができないときに、裁判所に父を定めるよう求める訴えのこと。

行 秩序罰 □□□
[ちつじょばつ]

☞行政刑罰／行政上の秩序罰／秩序罰

行 地方公共団体 □□□
[ちほうこうきょうだんたい]

<u>地方公共団体</u>とは、国の領土・人等の

一部（行政区画）を支配・統治する日本の行政機関のこと。一般に地方自治体ともいう。地方公共団体には、普通地方公共団体と特別地方公共団体がある。

行 地方公共団体の組合　□□□
[ちほうこうきょうだんたいのくみあい]

複数の地方公共団体が事務を共同で処理するために設置する団体のこと。一部事務組合と広域連合の2種類がある。

基 地方裁判所　□□□
[ちほうさいばんしょ]

高等裁判所の下位に位置づけられる下級裁判所のひとつ。地方裁判所は、原則的な第一審裁判所である。地方裁判所の裁判は、原則として1名の裁判官によって行われる。ただし、事案の性質によっては、3名の裁判官の合議制で行われる場合もある。

憲 地方自治の本旨　□□□
[ちほうじちのほんし]

地方自治の本旨は、住民自治と団体自治からなると一般に説明される。地方自治の本旨は、民主主義と人権保障の実現にある。国よりも規模が小さいため民意に基づく政治を実現しやすく、各地域の実情に応じた処理を行うことが、人権保障に資する。そのため、地方自治は、「民主主義の学校」などともいわれる。

憲 地方特別法　□□□
[ちほうとくべつほう]

一の地方公共団体のみに適用される特別法のこと。具体的には、特定の地方公共団体に対して、その組織運営上の本質に関わる不平等・不利益を強いる法律をいう。これを成立させるために

は、その地方公共団体の住民投票において、過半数の同意が必要である。国会単独立法の原則の例外とされる。

民 嫡出子／非嫡出子（嫡出でない子）　□□□
[ちゃくしゅつし／ひちゃくしゅつし（ちゃくしゅつでないこ）]

①嫡出子とは、法律上の婚姻関係にある夫婦間に生まれた子のこと。
②非嫡出子（嫡出でない子）とは、法律上の婚姻関係にない男女間に生まれた子のこと。

民 嫡出否認の訴え／親子関係不存在確認の訴え　□□□
[ちゃくしゅつひにんのうったえ／おやこかんけいふそんざいのうったえ]

①嫡出否認の訴えとは、子の嫡出性が推定される場合に、子・父・母・前夫がそれを否定するために提起する訴えのこと。嫡出否認の訴えは、ⓐ父は子の出生を知ったときから、ⓑ子はその出生のときから、ⓒ母は子の出生のときから、ⓓ前夫は子の出生を知ったときから、それぞれ3年以内に提起しなければならない。
②親子関係不存在確認の訴えとは、推定が及ばない子（例夫の服役中に妻が妊娠・出産）について、親子関係の不存在の確認を求める訴えのこと。

行 中核市
[ちゅうかくし]

☞指定都市／中核市

商 中間配当　□□□
[ちゅうかんはいとう]

取締役会設置会社が、1事業年度の途中で1回に限り、取締役会決議で配当する剰余金のこと。配当財産は金銭に限定されている。

民 中間利息の控除　□□□
[ちゅうかんりそくのこうじょ]

本来なら将来受け取るべき逸失利益を事前に受け取るにあたり、それまでに発生すると考えられる利息を控除すること。たとえば、交通事故の後遺症により、事故に遭わなければ得られたであろう収入を逸失利益として損害賠償請求した場合、その賠償金は、収入を得たであろう本来の時期よりも前に全額支払われることになる。したがって、賠償金の支払時期から本来収入を得るはずの時期までの間に発生する利息が、法定利率にしたがって控除されることになる。

民 仲裁
[ちゅうさい]

☞和解／調停／仲裁

商 忠実義務　□□□
[ちゅうじつぎむ]

取締役は、法令・定款・株主総会決議を遵守し、会社のために忠実にその職務を行わなければならないとされる義務のこと。

憲 抽象的審査制説
[ちゅうしょうてきしんさせいせつ]

☞付随的審査制説／抽象的審査制説

行 懲戒処分　□□□
[ちょうかいしょぶん]

職場の規律・秩序維持のために、非行や義務違反を行った公務員の責任を追及してその身分に伴う利益を剥奪する処分のこと。懲戒処分には、免職・停職・減給・戒告がある。

行 町村総会　□□□
[ちょうそんそうかい]

町村議会の代わりに置かれる有権者の総会のこと。町村総会を設けるには、条例が必要である。町村総会は、町村における直接民主制を実現する制度である。なお、町村総会は、住民自治を高度に実現するものであるから、憲法93条に違反しない。

民 調停
[ちょうてい]

☞和解／調停／仲裁

行 長の専決処分　□□□
[ちょうのせんけつしょぶん]

①議会が成立しない場合、②特に緊急を要するため議会を招集する時間的余裕がないことが明らかな場合、③議会が議決すべき事件を議決しない場合などに、長が、その議決すべき事件を処分すること。

行 長の不信任の議決　□□□
[ちょうのふしんにんのぎけつ]

地方公共団体の長に対する不信任決議のこと。不信任決議がなされた場合、長は、10日以内に議会を解散しないと、失職する。解散後初めて招集された議会で再び不信任決議がなされた場合、議長からその通知があった日に、長は失職する。

憲 懲罰権　□□□
[ちょうばつけん]

衆参両議院が、院内の秩序を乱した議員を懲罰する権限のこと。議員を除名するには、出席議員の3分の2以上の多数による議決が必要である。

行 聴聞／弁明の機会の付与　□□□
[ちょうもん／べんめいのきかいのふよ]

いずれも、行政庁が不利益処分をする相手方に対して与える意見陳述の方法のひとつ。

①聴聞とは、許認可等の取消しまたは撤回や地位の剥奪・職務の解任といった重大な効果を伴う不利益処分について行うもののこと。

②弁明の機会の付与とは、その他の不利益処分について行うもののこと。

行 聴聞調書／報告書 □□□
［ちょうもんちょうしょ／ほうこくしょ］

①聴聞調書とは、聴聞の主宰者が、聴聞の審理経過を記載した書類のこと。聴聞調書では、当事者や参加人の陳述の要旨を明らかにしなければならない。聴聞調書は、聴聞の期日ごとに、その聴聞が行われなかった場合（当事者等の不出頭・書類等の不提出）には聴聞終結後速やかに、作成しなければならない。

②報告書とは、聴聞の主宰者が、当事者等の主張についての意見を記載した書類のこと。報告書は、聴聞終結後速やかに作成しなければならない。

主宰者は、聴聞調書と報告書を行政庁に提出しなければならない。

行 直接強制 □□□
［ちょくせつきょうせい］

義務者が義務を履行しない場合に、義務者の身体または財産に直接実力を加え、義務の内容を実現する即効的な手続のこと。義務の種類に限定はない。直接強制は、苛酷な人権侵害を伴うおそれがあるため、一般的な制度として認められておらず、必要最小限のものについて個別法で認められているにすぎない。成田新法による建物の実力封鎖が、数少ない直接強制の例である。

商 直接取引／間接取引 □□□
［ちょくせつとりひき／かんせつとりひき］

いずれも、会社・取締役間の利益相反取引の態様のひとつ。

①直接取引とは、会社・取締役間において直接売買契約などを締結するような利益相反取引のこと。

②間接取引とは、取締役の第三者に対する債務について、会社が保証するような利益相反取引のこと。

商 直接無限責任・直接有限責任 □□□
［ちょくせつむげんせきにん・ちょくせつゆうげんせきにん］

☞間接有限責任／直接無限責任・直接有限責任

民 賃借権の譲渡／転貸 □□□
［ちんしゃくけんのじょうと／てんたい］

①賃借権の譲渡とは、契約によって賃借人の地位を移転すること。これによって、従来の賃借人は賃貸借関係から離脱し、賃借権の譲受人が新たな賃借人となる。

②転貸とは、賃借人が賃貸借の目的物を第三者に賃貸すること。転貸の場合、賃借人は依然として賃借人の地位にある。

賃借権の譲渡や転貸には、賃貸人の承諾が必要である。賃貸人に無断で賃借権の譲渡・転貸をし、第三者に賃借物を使用収益させた場合、賃貸人は契約を解除できる。

民 賃貸借 □□□
［ちんたいしゃく］

当事者の一方（賃貸人）が相手方（賃借人）に目的物の使用収益権を与え、その対価として賃料を取るという契約のこと。賃貸借は、対価を支払う必要のある有償契約である点で、使用貸借と異なる。

憲 沈黙の自由 □□□
［ちんもくのじゆう］

思想内容を明らかにするよう強制され

ない自由のこと。思想・良心の自由の一環として認められている。

民 追完請求権　□□□
[ついかんせいきゅうけん]

不完全履行における債権者が、履行を完全なものにするよう、瑕疵の修補や代物の給付を請求する権利のこと。

民 追認　□□□
[ついにん]

取り消すことができる行為を「取り消さない」と意思表示すること。つまり、取消権を放棄すること。追認がなされると、法律行為が有効に確定する。取消者本人が追認する場合は、取消原因消滅後でなければならない。たとえば、詐欺・強迫により意思表示をした者は、錯誤状態または心理圧迫状態を脱してから追認する必要がある。

民 通常損害／特別損害　□□□
[つうじょうそんがい／とくべつそんがい]

①通常損害とは、債務不履行によって通常生じる損害のこと。
②特別損害とは、債務不履行時に債務者が予見可能であった特別の事情によって生じた損害のこと。

憲 通信の秘密　□□□
[つうしんのひみつ]

個人が秘密のうちに通信を行うことができる権利のこと。通信の内容だけでなく、それが存在すること自体の秘密も含まれる。その秘密は、憲法上保障される。

行 通達　□□□
[つうたつ]

行政上の扱いを統一するために、上級行政機関が、監督権に基づいて、所管の下級行政機関に対して発する命令の

こと。通達は、行政組織の内部規範にすぎず、必要に応じて随時発することができる。法律の根拠は必要ない。通達は、たとえ違法であっても、それが重大かつ明白でない限り、下級行政機関や職員を拘束し、通達に違反する行為を行った公務員は、職務上の義務違反となり得る。一方、裁判所は、通達に拘束されることなく、独自の法令解釈により処分の適法性を判断できる。

民 通謀虚偽表示
[つうぼうきょぎひょうじ]

☞虚偽表示／通謀虚偽表示

商 定款　□□□
[ていかん]

会社の根本規則のこと。定款には、目的・商号・本店所在地などを記載し、発起人が署名または記名押印しなければならない。そして、公証人の認証を受ける必要がある。

民 定型約款　□□□
[ていけいやっかん]

定型取引（不特定多数の者を相手方とした画一的な内容の取引）において、特定の者により準備された規約等のこと。オンライン通販の運営会社が用意する販売規約などが代表例。約款の内容が契約の相手方に一方的に不利なものであるときは、定型約款としての効力が否定される。

民 停止条件
[ていしじょうけん]

☞解除条件／停止条件

民 抵当権　□□□
[ていとうけん]

目的物の占有を設定者のもとにとどめ、設定者の使用収益を認めつつ、債

務が弁済されない場合に、その物の交換価値から優先的に弁済を受ける担保物権のこと。抵当権は、不動産・地上権・永小作権に設定できる。

民 抵当権者の同意により賃借権に対抗力を与える制度 □□□
[ていとうけんしゃのどういによりちんしゃくけんにたいこうりょくをあたえるせいど]

抵当権設定登記以後に設定された賃借権について、抵当権者の同意のもとに、賃借権が抵当権に対抗できるとする制度のこと。この制度を利用するには、次の条件をすべて満たした賃借権でなければならない。
①賃借権が登記されていること。
②抵当権者全員の同意があること。
③その同意が登記されたこと。

民 抵当権消滅請求／代価弁済 □□□
[ていとうけんしょうめつせいきゅう／だいかべんさい]

①抵当権消滅請求とは、抵当不動産の所有権を取得した第三者が、抵当権者に対して、一定の金銭を支払って抵当権を消滅させるよう請求する権利のこと。
②代価弁済とは、抵当不動産の所有権または地上権を買い受けた第三者が、抵当権者の請求に応じて、その抵当権者にその代価を弁済すること。これにより、抵当権は、その第三者のために消滅する。
抵当権消滅請求は、第三者が抵当権者に請求するものであるのに対し、代価弁済は、抵当権者が第三者に請求するものである。

民 抵当権の消滅 □□□
[ていとうけんのしょうめつ]

被担保債権が弁済等により消滅することにより、抵当権も消滅すること。抵

当権の付従性による効果である。

商 締約代理商／媒介代理商 □□□
[ていやくだいりしょう／ばいかいだいりしょう]

①締約代理商とは、一定の商人から代理権を与えられ、その商人の取引行為の代理を行う代理商である。
②媒介代理商とは、一定の商人のために、取引行為の媒介（手助け）を行うだけの代理商である。媒介代理商には、代理権がない。

行 定例会 □□□
[ていれいかい]

地方公共団体の議会において定期に開かれる会期のこと。その招集回数は条例で定められ、上限はない。臨時に開かれる地方議会は、国会と同様、臨時会という。なお、定例会と臨時会を区分せず、通年の会期とすることもできる。

憲 適正手続 □□□
[てきせいてつづき]

人権を制約するときは、適正かつ公正な手続を踏まなければならないという考え方のこと。憲法は、「何人も、法律の定める手続によらなければ、その生命もしくは自由を奪われ、またはその他の刑罰を科せられない」と定め、刑事手続の法定を求めている。同条項は、刑事手続の法定のみならず、当該法律の定めた手続が適正であること、さらには、刑事実体面（犯罪や刑罰の要件）も、法律で適正に定めることを求めている。つまり、同条項は、「法律なくば刑罰なく、法律なくば犯罪なし」という標語で表される罪刑法定主義の根拠になる。

商 適法性監査
[てきほうせいかんさ]
☞妥当性監査／適法性監査

基 適用／準用 □□□
[てきよう／じゅんよう]
①適用とは、法令が対象としている事項に、そのまま当該法令を当てはめること。
②準用とは、法令の対象ではないが、似た事項に必要な修正を加えて、当該法令を当てはめること。

憲 適用違憲
[てきよういけん]
☞法令違憲／適用違憲

民 撤回
[てっかい]
☞取消し／無効／撤回

行 撤回権の留保／取消権の留保
□□□
[てっかいけんのりゅうほ／とりけしけんのりゅうほ]
撤回権の留保とは、行政行為を行う際、撤回権（取消権）を留保する（撤回することもありうる）旨を付け加えること。取消権の留保ともいう。たとえば、公共体育館の使用許可をする際に「公益上必要があるときは許可を取り消す」旨を付け加える場合がこれにあたる。撤回権（取消権）の行使は、無条件にできるわけではなく、実質的な理由が必要であり、条理上も許されるものでなければならない。

民 手付 □□□
[てつけ]
契約成立時に交付される金銭その他の有価物のこと。手付は、その性質により、証約手付・解約手付・違約手付に分類される。

民 手付流しによる解除・手付倍返しによる解除 □□□
[てつけながしによるかいじょ・てつけばいがえしによるかいじょ]
①手付流しによる解除とは、解約手付を交付した買主が、手付を放棄することにより契約を解除すること。
②手付倍返しによる解除とは、解約手付を交付された売主が、手付を倍額にして返すことにより契約を解除すること。
いずれの場合も、解除にあたってその理由を問われない。

基 手続法
[てつづきほう]
☞実体法／手続法

行 撤廃 □□□
[てっぱい]
人身の拘束・物の留置といった物理的な行政上の処分をやめ、人を解放したり物を返還したりすること。

基 デュープロセス条項 □□□
[でゅーぷろせすじょうこう]
合衆国憲法のデュープロセス条項のことで、合衆国憲法修正5条と修正14条をさす。修正5条は連邦権力に対して、修正14条は州権力に対して、「何人も、適正な法の手続によらなければ、生命、自由または財産を奪われない」と定めている。日本国憲法31条は、合衆国憲法のデュープロセス条項の流れをくむものと解されている。

民 典型契約／有名契約 □□□
[てんけいけいやく／ゆうめいけいやく]
典型契約とは、民法で定められている13種類の契約類型のこと。有名契約

ともいう。典型契約に該当しない契約も、強行規定に違反しない限り、締結することができる。このような典型契約に該当しない契約を**非典型契約（無名契約）**という。

民 典型担保物権／非典型担保物権 □□□

[てんけいたんぽぶっけん／ひてんけいたんぽぶっけん]

①**典型担保物権**とは、民法に規定がある担保物権のこと。留置権・先取特権・質権・抵当権の４種類がある。

②**非典型担保物権**とは、民法に規定はないが、**判例**が認めた慣習上の担保物権のこと。譲渡担保が代表例。

民 転質 □□□

[てんしち]

質権者が、自ら受け取った質物をさらに他人に質入れすること。**承諾転質**（質権設定者の承諾を得て行う）と**責任転質**（質権者の自己責任で行う）がある。責任転質の場合、転質によって生じた損失については、それが不可抗力によるものであっても、質権者がその責任を負う。

民 転貸 □□□

[てんたい]

☞賃借権の譲渡／転貸

民 転得者 □□□

[てんとくしゃ]

仮装譲渡された目的物が売却され、さらに転売された場合に、転売された目的物を買った者のこと。

民 塡補賠償 □□□

[てんぽばいしょう]

☞遅延賠償／塡補賠償

民 転用物訴権 □□□

[てんようぶつそけん]

不当利得の事案において、契約上の給付が、契約の相手方だけでなく第三者の利益となった場合、その第三者が対価関係なしに利益を得たときに、その第三者に対して利得の返還を請求する権利のこと。たとえば、賃貸人Aから建物を賃借している賃借人Bが、その修繕を業者Xに依頼した後に無資力になった場合、賃貸人Aが修繕によって得た利益と対価関係に立つ支出・負担（圏修繕費をBが負担する代わりに賃料を減額）をしていないときは、業者Xは賃貸人Aに対し、修繕費用相当額の支払を請求できる。

商 問屋営業 □□□

[といやえいぎょう]

自己の名をもって、営業として他人のために物品の**販売・買入れ**をすること。いわゆる取次業である。問屋は、仲立人と異なり、委託者のために自らが契約当事者となって、その行為から生じる権利義務の主体となる。

憲 党議拘束 □□□

[とうぎこうそく]

政党が政党員たる議員に対し、党議に従って発言し表決することを義務づけること。党議拘束は**自由委任の原則**に反しないというのが多数説である。

民 登記請求権 □□□

[とうきせいきゅうけん]

登記権利者が登記義務者に対し、「登記せよ」または「登記に協力せよ」と請求する権利のこと。

民 動機の錯誤 □□□

[どうきのさくご]

表意者が法律行為の基礎とした事情に

ついて、その認識が真実に反する場合の錯誤のこと。その事情が法律行為の基礎とされていることが表示されており、かつ、その錯誤が法律行為の目的及び取引上の社会通念に照らして重要なものである場合、表意者は、その法律行為を取り消すことができる。

民 動産／不動産　□□□
[どうさん／ふどうさん]

①動産とは、不動産以外の物全般のこと。

②不動産とは、土地とその定着物のこと。定着物の代表例は建物である。

民 動産質／不動産質　□□□
[どうさんしち／ふどうさんしち]

①動産質とは、動産を質権の対象とすること。動産質を設定するには、当事者の合意に加え、動産を質権者に引き渡す必要がある。引渡方法は、現実の引渡し・簡易の引渡し・指図による占有移転のいずれかでなければならず、占有改定によることはできない。

②不動産質とは、不動産を質権の対象とすること。不動産には通常、抵当権が設定されるが、質権を設定することもできる。不動産質では、質権者が担保不動産を利用できる一方で、ⓐ被担保債権について利息を請求できない、ⓑ存続期間は10年を超えることができない、ⓒ不動産の管理費用は質権者が負担しなければならないといった、債権者に不利な要素が多く、あまり利用されない。

民 同時死亡の推定　□□□
[どうじしぼうのすいてい]

数人の者が一斉に死亡した場合において、そのうちの1人が他の者の死亡後になお生存していたことが明らかでないときに、これらの者が同時に死亡したものと推定する制度。航空機事故・船舶遭難・大災害などの場合を想定している。死亡時期が異なれば相続人となる者も変わるため、法律的に推定するのである。ただし、あくまで推定であり、証明によりこれを覆す余地はある。

行 当事者訴訟　□□□
[とうじしゃそしょう]

公法上の法律関係を争うための訴訟のこと。行政事件訴訟法に規定されている。形式的当事者訴訟と実質的当事者訴訟の2種類がある。

民 同時履行の抗弁権　□□□
[どうじりこうのこうべんけん]

弁済期にある相手方の債務の履行が提供されるまでは、自己の債務を履行しないと主張する権利のこと。同時履行の抗弁権があれば、弁済期が到来しても、相手方が履行の提供をするまでは履行を拒むことができ、履行を拒んでも、債務不履行責任（履行遅滞）は発生しない。

憲 統制権　□□□
[とうせいけん]

労働組合が組合の統制を乱した組合員に対して制裁を課す権利のこと。団結権を保障した憲法28条に由来する。ただし、労働組合が選挙の統一候補を擁立した後にその組合の組合員が立候補した場合、労働組合がその組合員を統制違反として処分することは、統制権の限界を逸脱したもので違法であるとされる。

民 到達主義／発信主義　□□□
[とうたつしゅぎ／はっしんしゅぎ]

①到達主義とは、意思表示が相手方に

到達した時点で効果が発生するという考え方のこと。

②**発信主義**とは、意思表示が発信された時点で効果が発生するという考え方のこと。

民法では、契約の成立については到達主義が採用され、承諾の意思表示が申込者に到達した時点で契約が成立する。

憲 統治行為 □□□
[とうちこうい]

直接国家統治の基本に関する高度に政治性のある国家行為は、裁判所の審査の外にあり、政府・国会等の政治部門の判断に委ねられ、最終的には国民の政治判断に委ねられているという考え方。たとえば、衆議院の解散は、きわめて政治性の高い国家統治の基本に関する行為であって、有効無効の判断が法的に可能であっても、その審査は裁判所の権限の外にあるとされる。

憲 投票価値の平等 □□□
[とうひょうかちのびょうどう]

有権者の「1票の重み」は平等であるべきだという考え方。たとえば、議員定数が同じ1議席である人口5万人の選挙区と10万人の選挙区で2人の候補者が争う場合、人口5万人の選挙区では2万5,000票で当選できるのに対し、人口10万人の選挙区では5万票以上を獲得しなければ当選できない。これがいわゆる「1票の重み」といわれる問題である。

民 盗品または遺失物の回復 □□□
[とうひんまたはいしつぶつのかいふく]

占有物が盗品・遺失物である場合、被害者・遺失者は、盗難・遺失の時から2年間、占有者に対してその物の回復を請求できるという制度のこと。即時

取得に対する特則である。ただし、占有者がその物を競売や公の市場において商人から善意で買い受けたときは、その代価を弁償する必要がある。

商 特殊決議
[とくしゅけつぎ]

☞普通決議／特別決議／特殊決議

行 特殊法人 □□□
[とくしゅほうじん]

特別の法律に基づいて設立される公益性の高い法人（例公団・公庫・事業団）のこと。日本放送協会・日本郵便株式会社などがこれにあたる。

民 特定財産承継遺言
[とくていざいさんしょうけいいごん]

遺産分割方法の指定として、特定の財産を特定の相続人に承継させるという内容の遺言のこと。具体的には、「土地Xを太郎に相続させる」といった遺言となる。この場合、その財産は、遺産分割を待たず、被相続人の死亡と同時に、その相続人が権利を承継する。その結果、その相続人が自己の法定相続分を超えて遺産を承継することとなった場合は、その超えた部分につき対抗要件（例登記・登録）を備えなければ、第三者に対抗できない。

民 特定承継
[とくていしょうけい]

☞一般承継／包括承継／特定承継

民 特定物／不特定物／種類物 □□□
[とくていぶつ／ふとくていぶつ／しゅるいぶつ]

①**特定物**とは、当事者が物の個性に着目し、1つの物に狙いを定め、その個物だけを取引対象とした目的物のこと。中古車を「この自動車」と指

定して購入する場合がこれにあたる。

②**不特定物**または**種類物**とは、当事者が物の個性に着目することなく、一定の種類や数量にのみ着目して取引対象とした目的物のこと。新車購入の際に車種だけを指定して購入する場合がこれにあたる。

民 特定物債権

[とくていぶつさいけん]

☞種類債権／特定物債権

行 独任制

[どくにんせい]

☞合議制／独任制

民 特別縁故者　　　□□□

[とくべつえんこしゃ]

被相続人と特別の縁故があったと家庭裁判所が認めた者のこと。相続人がない場合に、被相続人と生計を一にしていた内縁の配偶者や、被相続人の療養看護に努めた相続人以外の者などに対して、家庭裁判所は、その請求により、相続財産の全部または一部を分け与えることができる。

憲 特別会

[とくべつかい]

☞常会／臨時会／特別会

民 特別寄与料

[とくべつきよりょう]

☞寄与分／特別寄与料

行 特別区　　　□□□

[とくべつく]

地方自治法が定める特別地方公共団体の一種。具体的には、東京23区のこと。また、大都市特別区設置法（大都市地域における特別区の設置に関する法律）は、道府県の区域内において、市町村

を廃止して、特別区を設置することを認めている。なお、政令指定都市の区（囫大阪市北区・仙台市宮城野区）は、特別区ではない。

商 特別決議

[とくべつけつぎ]

☞普通決議／特別決議／特殊決議

憲 特別裁判所　　　□□□

[とくべつさいばんしょ]

通常の裁判所の系列に属さない裁判所のこと。代表例は、戦前の軍法会議。憲法は、弾劾裁判所の例外を除き、特別裁判所の設置を認めていない。

民 特別失踪

[とくべつしっそう]

☞普通失踪／特別失踪

民 特別受益者　　　□□□

[とくべつじゅえきしゃ]

被相続人から、遺贈や、婚姻・養子縁組のためまたは生計の資本として生前贈与を受けた者のこと。特別受益者は、相続分から遺贈や贈与の価額が控除される。

憲 特別職公務員

[とくべつしょくこうむいん]

☞一般職公務員／特別職公務員

民 特別損害

[とくべつそんがい]

☞通常損害／特別損害

行 特別地方公共団体

[とくべつちほうこうきょうだんたい]

☞普通地方公共団体／特別地方公共団体

商 特別取締役 □□□
[とくべつとりしまりやく]

取締役会で決すべき事項のうち、重要な財産の処分・譲受けや多額の借財について、取締役会の一部の者による議決をもって取締役会決議とするために選定される取締役のこと。緊急案件に対して迅速に意思決定をする必要がある場合のために制度化された。この制度を利用できるのは、取締役が6人以上いて、かつ、そのうちの少なくとも1人以上が社外取締役である会社だけである。なお、特別取締役は3人以上選定する必要がある。

基 特別法
[とくべつほう]

☞一般法／特別法

基 特別法優先の原則 □□□
[とくべつほうゆうせんのげんそく]

法律と法律、条例と条例など、同一の法形式においては、特別法が一般法に優先するというルールのこと。

民 特別養子縁組
[とくべつようしえんぐみ]

☞普通養子縁組／特別養子縁組

商 匿名組合契約 □□□
[とくめいくみあいけいやく]

営業者の営業のために出資を行い、その営業から生ずる利益を分配する契約のこと。出資者を匿名組合員、営業を行う者を営業者という。匿名組合員の出資は、金銭その他の財産に限定され、信用や労務での出資は許されない。事業利益は、契約に基づき匿名組合員に分配される。契約終了時、営業者は、匿名組合員に出資の価額を返還しなければならない。ただし、出資が損失によって減少した場合は、匿名組合員が

その損失を負担する。営業者は、残額を返還すればよい。

このように、匿名組合契約は出資を目的とした商法上の契約である点が、事業の共同遂行を目的とする民法上の組合契約と大きく異なる。

行 独立行政委員会 □□□
[どくりつぎょうせいいいんかい]

政府から独立した地位・権限をもつ合議制の機関の総称。人事院・公正取引委員会・国家公安委員会などが代表例。

行 独立命令
[どくりつめいれい]

☞委任命令／執行命令／独立命令

行 都市計画 □□□
[としけいかく]

都市の健全な発展と秩序ある整備を図るために、土地利用、都市施設の整備及び市街地開発事業について定めた計画のこと。行政計画の代表例である。

民 土地工作物責任 □□□
[とちこうさくぶつせきにん]

土地の工作物の設置または保存に瑕疵があり、これによって他人に損害が発生した場合に、工作物の占有者が負う賠償責任のこと。第一次的には工作物の占有者が賠償責任を負うが、その責任は過失責任であり、工作物の占有者が自己の無過失を立証すると免責される。その場合は、第二次的に工作物の所有者が責任を負う。工作物の所有者の責任は無過失責任である。

民 土地の工作物 □□□
[とちのこうさくぶつ]

土地に接着して人工的に築造した設備のこと。建物・塀・自動販売機・鉄道の線路や踏切などがこれにあたる。

行 特許

[とっきょ]

☞許可／認可／特許

行 届出 □□□

[とどけで]

☞申請／届出

民 取消し／無効／撤回 □□□

[とりけし／むこう／てっかい]

①取消しとは、取消権を有する者が、その権利を行使することにより、法律行為を白紙に戻すこと。取消しにより、法律行為は、当初に遡って効力を失う（遡及効）。

②無効とは、法律行為が初めから効力を有しないこと。

③撤回とは、法律行為の効力を将来に向かって無効とすること（将来効）。

取消しと撤回は、遡及効か将来効かという点に違いがあるが、法文上は、「撤回」の意味で「取消し」という言葉が用いられているケースもあり、注意が必要である。

行 取消権の留保

[とりけしけんのりゅうほ]

☞撤回権の留保／取消権の留保

行 取消訴訟 □□□

[とりけしそしょう]

行政庁の処分その他公権力の行使にあたる行為の取消しを求める訴訟のこと。取消訴訟には、処分の取消しの訴えと裁決の取消しの訴えがある。取消訴訟は、正当な理由がない限り、処分・裁決があったことを知った日から6か月以内に提起しなければならない。また、処分・裁決があったことを知らなくても、それらがあった日から1年を経過すると、正当な理由がない限り、訴訟を提起できなくなる。

商 取締役 □□□

[とりしまりやく]

株主総会とともに、すべての株式会社に必須の機関。取締役会非設置会社においては会社の業務を執行し、対外的に会社を代表する。取締役会設置会社においては、会社の業務執行を決定する取締役会の構成員である。なお、取締役になることができるのは、自然人だけである。

商 取締役会 □□□

[とりしまりやくかい]

すべての取締役によって組織される合議制の機関のこと。取締役全員を構成メンバーとして、法令または定款により株主総会の決議事項とされたものを除き、会社の業務執行を決定し、取締役の職務執行を監督する。また、代表取締役の選定・解職も行う。

商 取締役会設置会社 □□□

[とりしまりやくかいせっちがいしゃ]

取締役会を置く株式会社のこと。取締役会は、定款で定めることにより任意に設置できるが、公開会社・監査役会設置会社・指名委員会等設置会社・監査等委員会設置会社では、必ず設置しなければならない。また、取締役会設置会社は、原則として、監査役を置かなければならない（監査等委員会設置会社・指名委員会等設置会社・非公開会社である会計参与設置会社を除く）。

商 取締役会の専決事項 □□□

[とりしまりやくかいのせんけつじこう]

必ず取締役会で決定しなければならず、定款の定めをもってしても代表取締役に委ねることのできない事項のこと。①重要な財産の処分や譲受け、②多額の借財、③重要な使用人（例支配人）の選任・解任、④重要な組織（例支店）

の設置・変更・廃止など重要な業務執行の決定などが代表例。

商 取締役会のみなし決議　□□□
［とりしまりやくかいのみなしけつぎ］
定款に定めることにより、議決に参加できる取締役全員が書面または電磁的記録で議案に同意し、監査役が異議を述べなかった場合に、その議案を可決する取締役会決議があったとみなすこと。わざわざ一堂に会することなく取締役会の決議を得ることができる。株主総会にも同様の制度がある。

な行

民 内縁 □□□

[ないえん]

共同生活を営んでいる事実上の夫婦だが、届出をしていないため法律上の夫婦と認められないもののこと。内縁は、法律上の夫婦ではないため、姻族関係は発生しない。相続権もない。しかし、内縁を不当に破棄された者は、相手方に対して、婚姻予約の不履行または不法行為を理由に損害賠償を求めることができる。

憲 内閣 □□□

[ないかく]

内閣総理大臣及びその他の国務大臣で組織する合議体のこと。立法・司法・行政のうち、行政権を担当し、国会に対して連帯責任を負う。

憲 内閣総理大臣 □□□

[ないかくそうりだいじん]

内閣の首長のこと。内閣の代表者であり、他の国務大臣の上位にあって、内閣全体を統率する。

行 内閣総理大臣の異議 □□□

[ないかくそうりだいじんのいぎ]

執行停止の申立てに対して、内閣総理大臣が、やむを得ない場合に限り、理由を付して裁判所に異議を述べること。この異議は、絶対的拒否権であって、裁判所は執行停止ができなくなる。すでに執行停止を決定している場合は、その決定を取り消さなければならない。なお、内閣総理大臣が執行停止の申立てに異議を述べた場合は、次の常会において国会に報告しなければならない。なお、この制度は、仮の義務付け・仮の差止めにも準用されてい

る。

行 内閣府 □□□

[ないかくふ]

内閣府設置法によって内閣に置かれる行政機関のこと。内閣府の長は、内閣総理大臣である。

憲 内閣不信任決議 □□□

[ないかくふしんにんけつぎ]

衆議院が不信任決議案を可決し、または信任決議案を否決すること。衆議院で内閣不信任決議がなされると、内閣は、総辞職をするか、10日以内に衆議院を解散するかの二者択一を迫られる。

行 内閣府令

[ないかくふれい]

☞政令／省令／内閣府令

憲 内在的制約／政策的制約 □□□

[ないざいてきせいやく／せいさくてきせいやく]

①内在的制約とは、他者の利益を守るという消極目的のための制約のこと。

②政策的制約とは、社会経済政策を実施するという積極目的のための制約のこと。

商 名板貸人・名板借人 □□□

[ないたがしにん・ないたがりにん]

①名板貸人とは、他人に自己の商号の使用を許諾した商人のこと。

②名板借人とは、他人の商号の使用を許諾された者のこと。

外観を信頼した取引の相手方を保護するため、名板貸人は、名板借人と連帯して弁済しなければない。ただし、相

手方が重大な過失によって誤認した場合、名板貸人は責任を負わない。

商 内部統制システム □□□
[ないぶとうせいしすてむ]

取締役の職務執行が法令及び定款に適合することを確保するための体制のこと。内部統制システムの整備は、取締役会の専決事項である。ただし、これを決定しなければならないのは、大会社である取締役会設置会社だけであって、他は任意である。

商 仲立営業 □□□
[なかだちえいぎょう]

営業として、他人間の商行為の媒介をすること。旅行業者などが代表例。仲立人は、当事者間の商行為が成立するよう尽力するだけであって、自らが契約当事者や代理人となって契約するわけではない。

基 並びに
[ならびに]

☞及び／並びに

憲 軟性憲法
[なんせいけんぽう]

☞硬性憲法／軟性憲法

憲 二院制 □□□
[にいんせい]

国会が衆議院と参議院という2つの院で構成されること。①一方の誤りを他方にチェックさせること、②選挙区や任期を変えることでその時々における国民の意思を忠実に反映させることなどが、その趣旨であるとされる。

憲 二重の基準論 □□□
[にじゅうのきじゅんろん]

精神的自由に対する規制はより厳格

に、経済的自由に対する規制はそれよりも多少緩やかに、合憲性を判断すべきだという考え方のこと。

憲 入国の自由／出国の自由／再入国の自由 □□□
[にゅうこくのじゆう／しゅっこくのじゆう／さいにゅうこくのじゆう]

①入国の自由とは、外国人が日本に入国する自由のこと。外国人の入国の自由は認められておらず、在留する権利も保障されていない。

②出国の自由とは、日本から出国する自由のこと。一般に、出国の自由は「外国に移住する自由」に含まれるものとして保障されている。しかし、在留外国人が外国へ一時旅行する自由が保障されているわけではない。

③再入国の自由とは、在留外国人が、外国に一時旅行し、再び入国する自由のこと。再入国の自由は、在留資格のある外国人であっても、憲法上保障されていない。

基 任意規定
[にんいきてい]

☞強行規定／任意規定

民 任意代位
[にんいだいい]

☞法定代位／任意代位

民 任意代理
[にんいだいり]

☞法定代理／任意代理

商 任意的記載事項
[にんいてきさいじこう]

☞絶対的記載事項／相対的記載事項／任意的記載事項

行 認可
[にんか]

☞許可／認可／特許

行 認可地縁団体 □□□
[にんかちえんだんたい]

町または字の区域その他市町村内の一定の区域に住所を有する者の地縁に基づいて形成された団体のこと。地域的な共同活動を円滑に行うため市町村長の認可を受けたときは、その規約に定める目的の範囲内において、権利を有し、義務を負う。

行 認証 □□□
[にんしょう]

一定の行為が正当な手続で行われたことを証明すること。

民 認知 □□□
[にんち]

非嫡出子（法律上の婚姻関係にない男女間に生まれた子）について、その父が血縁上の親子関係の存在を認めること。認知により、法律上の親子関係が発生する。つまり、子には相続権等が、親には扶養義務等が生じる。

民 認知準正／婚姻準正 □□□
[にんちじゅんせい／こんいんじゅんせい]

①認知準正とは、父母の婚姻後に認知して、非嫡出子が嫡出子の身分を取得すること。
②婚姻準正とは、認知後に父母が婚姻して、非嫡出子が嫡出子の身分を取得すること。

民 認知請求権 □□□
[にんちせいきゅうけん]

非嫡出子が血縁上の父に対して、自分の子と認めるように求める権利のこと。認知請求権は、対価と引換えであっ

ても、放棄できない。

民 認知の訴え □□□
[にんちのうったえ]

非嫡出子が血縁上の父に対して、法律上の父子関係の確定を求める裁判手続のこと。ただし、父の死から3年を経過すると、認知の訴えは提起できなくなる。

行 認容裁決 □□□
[にんようさいけつ]

☞棄却裁決／却下裁決／認容裁決

民 根抵当権 □□□
[ねていとうけん]

一定の範囲に属する不特定の債権を極度額の限度において担保するために設定される抵当権のこと。根抵当権は、不特定の債権を担保する。ただし、一定の範囲に属する債権に限られ、包括的なもの（包括根抵当）は許されない。

民 根保証契約 □□□
[ねほしょうけいやく]

一定の範囲に属する不特定の債務を主たる債務とする保証契約のこと。根保証契約の保証人が個人の場合（個人根保証契約）は、極度額を定めなければ、その効力を生じない。

な行

は行

商 媒介代理商
[ばいかいだいりしょう]

☞締約代理商／媒介代理商

民 配偶者居住権・配偶者短期居住権 □□□
[はいぐうしゃきょじゅうけん・はいぐうしゃ
たんききょじゅうけん]

いずれも、「配偶者の居住の権利」の
ひとつ。

①配偶者居住権とは、被相続人の配偶
者が相続開始時に被相続人の持ち家
に住んでいた場合、相続開始後にそ
の家を他の相続人等が取得しても、
被相続人の配偶者が引き続き無償で
使用収益できるとする権利のこと。
配偶者居住権は、相続開始により当
然に発生するものではなく、遺産分
割や遺贈などによって与えられる権
利である。遺産分割協議や遺言に特
に定めがない場合、その存続期間は、
配偶者の終身の間である。

②配偶者短期居住権とは、相続開始時
に被相続人の持ち家に無償で住んで
いた配偶者は、一定期間、その家の
居住部分を無償で使用することがで
きるとする権利のこと。その権利は、
相続開始により当然に発生し、その
存続期間は、原則として、遺産分割
確定日または相続開始から6か月を
経過した日のうち、いずれか遅い日
までである。

民 廃除 □□□
[はいじょ]

被相続人の意思によって、遺留分の
ある推定相続人（配偶者・子・直系尊属）
から完全に相続権を奪う制度のこと。
被相続人に対して虐待や重大な侮辱な

どを行った場合に、家庭裁判所に廃除
の請求ができ、廃除の審判が確定する
と、その推定相続人は相続権を失う。

民 賠償分割
[ばいしょうぶんかつ]

☞現物分割／代金分割／賠償分割

民 背信的悪意者 □□□
[はいしんてきあくいしゃ]

単に事情を知っている（悪意）だけで
なく、正義に反するような害意を有す
る者のこと。たとえば、AがBに売っ
た土地を、CもAから買い受け、先
に登記を済ませた。Cは、その土地を
Bに法外な価格で売りつけるつもり
だったという場合、Cは背信的悪意者
となる。この場合、BはCに対して、
登記なくして対抗できる。

民 排他性 □□□
[はいたせい]

1つの物の上に同一内容の物権は1つ
しか成立しないとする物権の性質のこ
と（一物一権主義）。

民 売買契約 □□□
[ばいばいけいやく]

当事者の一方が財産権を与え、他方が
その対価として金銭を支払う契約のこ
と。売買契約は、両当事者の合意だけ
で成立する（諾成契約）。書面を作る必
要は特になく、口約束だけで契約が成
立する。

商 発行可能株式総数 □□□
[はっこうかのうかぶしきそうすう]

株式会社が発行できる株式の総数のこ
と。定款の絶対的記載事項である。た

だし、会社成立時（設立登記時）までに定めればよく、公証人の認証を受ける際には記載がなくてもよい。なお、公開会社（全部または一部の株式について譲渡制限のない株式会社）は、発行可能株式総数の4分の1以上の株式を設立に際して発行しなければならない。

民 発信主義
[はっしんしゅぎ]

☞到達主義／発信主義

行 パブリックコメント
[ぱぶりっくこめんと]

☞意見公募手続／パブリックコメント

基 判決／決定／命令 □□□
[はんけつ／けってい／めいれい]

いずれも、裁判所がその判断を表示する裁判の種類。

①判決とは、訴訟において、裁判所が最終的に下す判断のこと。

②決定とは、裁判所が下す訴訟手続上の付随事項に関する判断のこと。

③命令とは、裁判長等が訴訟指揮上で行う措置や、付随事項を解決する判断のこと。

判決は、口頭弁論に基づいて行う必要がある一方、決定・命令は、口頭弁論を経ずに行うことができる。判決に対する上訴は控訴・上告、決定・命令に対する上訴は抗告・再抗告という形で行われる。

基 判決理由 □□□
[はんけつりゆう]

判決主文に対応する理由部分であって、判決が導かれる判断過程が示された部分のこと。判決理由には既判力が生じない。ただし、英米法では、判決のうち、結論（主文）を導く上で必要な部分を「判決理由（レイシオ・デシデ

ンダイ）」と呼び、判決の真の理由であるレイシオ・デシデンダイに法的拘束力が認められている。

基 反対解釈 □□□
[はんたいかいしゃく]

条文の文言に含まれない事項について、条文とは反対の結論を導こうとするもののこと。

民 反対債権 □□□
[はんたいさいけん]

互いが他に対して持っている債権のこと。相殺における自働債権と受働債権は、互いに反対債権の関係にある。

基 判例 □□□
[はんれい]

慣習法・条理とともに、不文法のひとつ。また、狭義では最高裁判所の裁判例、広義では下級審を含めた過去の裁判例全般をさす。

基 判例法主義／成文法主義 □□□
[はんれいほうしゅぎ／せいぶんほうしゅぎ]

①判例法主義とは、英米法系の国で採用されている法体系のこと。刑法の領域でも、判例を法源とすることが認められている。

②成文法主義とは、大陸法系の国で採用されている法体系のこと。

日本は、大陸法系に位置づけられるのが一般的であり、判例法主義を採っていない。しかし、最高裁判例に違反すると上告理由になるなど、判例の事実上の拘束力は大きいといわれている。

民 被害者側の過失の法理 □□□
[ひがいしゃがわのかしつのほうり]

不法行為責任を論じる際に、被害者本人と身分上・生活関係上一体と解される者を加えた「被害者側」に過失があ

れば、過失相殺ができるとする考え方。たとえば、被害者が幼児の場合、その父母の過失を被害者側の過失として斟酌できる。ただし、保育士は、被害者側に含まれない。

民 引換給付判決 □□□
[ひきかえきゅうふはんけつ]

原告の請求自体は認めるが、原告から被告に対する反対給付と引換えに被告の給付を命じる判決のこと。たとえば、原告（買主）が売買の目的物の引渡しを求める訴えにおいて、被告から同時履行の抗弁権が行使された場合に、「代金の支払と引換えに目的物を引き渡せ」という判決をすることがこれにあたる。

行 非現業公務員
[ひげんぎょうこうむいん]

☞現業公務員／非現業公務員

商 非公開会社（公開会社でない株式会社）
[ひこうかいがいしゃ（こうかいがいしゃでないかぶしきがいしゃ）]

☞公開会社／非公開会社（公開会社でない株式会社）

行 被告適格
[ひこくてきかく]

☞原告適格／被告適格

民 非債弁済 □□□
[ひさいべんさい]

債務の存在しないことを知りながら、債務を弁済すること。実質上贈与と解され、後で債務がなかったことを主張しても、債務の弁済として給付した物の返還を請求できない。ただし、返還を請求できないのは、任意に弁済された場合だけであって、強制執行を免れ

るためなど、経済的・社会的圧力からやむを得ず弁済した場合には、返還を請求できる。

憲 被選挙権
[ひせんきょけん]

☞選挙権／被選挙権

民 非占有担保物権 □□□
[ひせんゆうたんぽぶっけん]

目的物の占有を担保権者に移さず、設定者に引き続き使用収益させる形での担保物権のこと。抵当権がこれにあたる。設定者が目的物から得る収益が返済の原資となるなど利便性が高い。ただし、占有移転がないため、登記・登録による公示が可能な不動産・地上権・永小作権にしか設定できない。

民 被担保債権 □□□
[ひたんぽさいけん]

抵当権・質権などの担保物権が担保している債権のこと。たとえば、債権者Aが債務者Bに対して1,000万円を貸し付けていて、その担保としてBの不動産Xに抵当権の設定を受けている場合、不動産Xの被担保債権は、債権者Aの貸付金である。一般に、被担保債権がなければ担保物権は存在せず、被担保債権が消滅すると担保物権も消滅する（付従性）。そして、被担保債権が移転すると担保物権もそれに伴って移転する（随伴性）。

民 非嫡出子（嫡出でない子）
[ひちゃくしゅつし]

☞嫡出子／非嫡出子（嫡出でない子）

民 必要費／有益費 □□□
[ひつようひ／ゆうえきひ]

①必要費とは、物や権利の現状を維持するために必要な費用のこと。たと

えば、借家人による家屋の修繕費が
これにあたる。必要費については、
直ちに賃貸人に費用償還請求をする
ことができる。

②**有益費**とは、物や権利を**改良**するた
めに支出する費用のこと。たとえば、
借家人が借家に公共下水道を引くた
めの費用がこれにあたる。有益費に
ついては、賃貸借終了時に、借家人
から賃貸人に対して費用償還請求を
することができる。

民 非典型担保物権
[ひてんけいたんぽぶっけん]

☞典型担保物権／非典型担保物権

商 1株1議決権の原則
[ひとかぶいちぎけっけんのげんそく]

☞資本多数決の原則／1株1議決権の
原則

憲 1人別枠方式　□□□
[ひとりべつわくほうしき]

衆院小選挙区の議席のうち、まず47
都道府県に1議席ずつを「別枠」とし
て割り当て、残りの議席を人口に比例
して配分する方式のこと。人口の少な
い地方に比例配分より多めに議席を配
分し、過疎地の国民の意見も国政に反
映させることが目的と説明されてき
た。各都道府県にあらかじめ1を配当
する1人別枠方式に基づく選挙区割り
は、**投票価値の平等**の要請に反すると
するのが判例である。

民 被保佐人
[ひほさにん]

☞保佐人／被保佐人

民 被補助人
[ひほじょにん]

☞補助人／被補助人

民 被保全債権　□□□
[ひほぜんさいけん]

債権者代位権や債権者取消権によって
保護される債権者の債権のこと。

憲 秘密選挙　□□□
[ひみつせんきょ]

誰に投票したかを他人に知られない選
挙制度のこと。憲法は、「すべて選挙
における投票の秘密は、これを侵して
はならない」と定め、明文で秘密選挙
を保障している。秘密選挙を保障した
憲法15条4項前段は、**直接私人にも**
適用される。

商 表見支配人　□□□
[ひょうけんしはいにん]

実際には支配人に選任されていないの
に、支配人であるかのような名称をつ
けられた使用人のこと。表見支配人は、
訴訟行為を除いて、支配人と同じ代理
権があるとみなされる。ただし、相手
方が悪意の場合は別である。

民 表見相続人
[ひょうけんそうぞくにん]

一見すると相続人のように見えるが、
実際には相続権のない者のこと。たと
えば、**相続欠格者**や**廃除された者**で、
そのことが明らかになっていない場合
がこれにあたる。

商 表見代表取締役　□□□
[ひょうけんだいひょうとりしまりやく]

代表権がないのにもかかわらず、「社
長」など、あたかも代表権があるよう
な名称を付された取締役のこと。表見
取締役の行為については、**善意（無重**
過失）の第三者に対し、会社がその責
任を負う。

民 表見代理 □□□

[ひょうけんだいり]

無権代理行為について本人にも落ち度があり、相手方が代理人であると信じるのも無理がないという場合に、効果を本人に帰属させようという制度のこと。権利外観法理の現れの1つである。①代理権授与表示による表見代理（代理権を与えていないのに与えたと本人が表示した）、②権限外の行為による表見代理（代理権はあるがその範囲を超えた）、③代理権消滅後の行為による表見代理（代理権消滅後に代理行為をした）の3種類がある。表見代理について相手方が善意無過失であれば、その法律行為の効果は本人に帰属する。

憲 表現の事前抑制 □□□

[ひょうげんのじぜんよくせい]

何らかの表現物を発表しようとするときに、事前にその発表を差し止めること。事前抑制は過度に広範な規制になりやすく、濫用の危険も大きいため、原則として許されない。行政権が主体となって行う検閲が代表例であり、絶対的に禁止されている。一方、税関検査・教科書検定・裁判所による表現の事前差止めは、検閲にあたらないとされる。

憲 表現の自由 □□□

[ひょうげんのじゆう]

自分の言いたいことや思ったことを、自分のやり方で外部に表明する自由のこと。外部に表明する以上、他者の利益と衝突するおそれがあるため、表現の自由も、他者の利益を守るための内在的制約に服する。公共の福祉による制約を受けるということである。集会・結社の自由も含む。

行 標準処理期間 □□□

[ひょうじゅんしょりきかん]

申請が許認可等の処分をする行政庁の事務所に到達してから処分をするまでに通常要すべき標準的な期間のこと。行政庁は、標準処理期間を定めるように努めなければならない。また、標準処理期間を定めた場合、それを適当な方法で公にしなければならない。定めることは努力義務にすぎないが、公にすることは法的義務である。

憲 平等選挙 □□□

[びょうどうせんきょ]

投票を1人1票とする（投票の機会の平等）とともに、1票の重みの平等（投票の価値の平等）も要請する制度のこと。

行 比例原則 □□□

[ひれいげんそく]

目的と手段の均衡を求める法原則のこと。たとえば、警察官職務執行法上、警察官は、職務の執行にあたって武器を使用できるが、比例原則により、行政目的を達成する上で必要最小限度の実力行使にとどめなければならない。

民 夫婦間の契約 □□□

[ふうふかんのけいやく]

夫婦間で契約をすること。民法上、夫婦間の契約は、婚姻中であって実質的に破綻していない限り、いつでも取り消すことができる。

民 夫婦財産制 □□□

[ふうふざいさんせい]

夫婦間の財産関係に関する制度。夫婦の一方が婚姻前から所有する財産は、その特有財産（夫婦の一方が単独で所有する財産）とされる。婚姻中に取得した財産のうち、夫婦いずれに属するか明らかでないものは、共有と推定され

| 民 | 付加一体物 | □□□ |

[ふかいったいぶつ]

抵当権が設定された不動産に対して、付け加えられて分離することができない状態になった物のこと。抵当権の効力が及ぶ。たとえば、土地に植えられた立木や建物に取り付けられたガラス戸などがこれにあたる。

| 民 | 不確定期限 |

[ふかくていきげん]

☞確定期限／不確定期限

| 行 | 不可争力／形式的確定力 | □□□ |

[ふかそうりょく／けいしきてきかくていりょく]

不可争力とは、不服申立期間・出訴期間を経過すると、もはや国民は、行政行為の取消しを請求できなくなるという効力のこと。形式的確定力ともいう。ただし、行政行為を行った行政庁が自発的に職権でそれを取り消すことはできる。また、不可争力は、国家賠償請求には及ばず、出訴期間が過ぎても請求できる。

| 民 | 不可分債権・不可分債務 |

[ふかぶんさいけん・ふかぶんさいむ]

☞分割債権・分割債務／不可分債権・不可分債務

| 民 | 不可分性 | □□□ |

[ふかぶんせい]

担保物権は、被担保債権全部の弁済を受けるまで、目的物全部について権利を行使できるという性質のこと。

| 行 | 不可変更力／自縛力 | □□□ |

[ふかへんこうりょく／じばくりょく]

不可変更力とは、権限のある機関がいったん判断を下した以上、自らその判断を覆すことはできないという効力のこと。自縛力ともいう。通常の行政行為は、公益実現を目的とするため、違法・不当な行為があった場合は、行政庁が自ら進んで取り消し、公益に適する状態を作り出すべきである。したがって、不可変更力があるのは、紛争を解決するための裁断行為（異議申立てに対する決定や審査請求に対する裁決）だけである。

| 行 | 附款 | □□□ |

[ふかん]

主たる意思表示に付加される従たる意思表示のこと。附款には、条件・期限・負担・取消権（撤回権）の留保・法律効果の一部除外がある。附款を付すことができるのは、①法律行為的行政行為（例許可・特許・認可）だけであり、準法律行為的行政行為（例確認・公証）に付すことはできず、②法律が許容している場合、または行政庁に行政行為の内容を決定する裁量権がある場合に限られる。また、附款は、行政行為の目的に照らして必要な限度に限定される。

| 民 | 不完全履行 |

[ふかんぜんりこう]

☞履行遅滞／履行不能／不完全履行

| 民 | 復委任 | □□□ |

[ふくいにん]

委任契約の受任者が、その事務処理を他人に委任すること。委任は高度の信頼関係に基づく契約であるため、原則として受任者自身が事務処理を行わなければならず、復委任は禁止されている。

民 復代理人 □□□
[ふくだいりにん]

代理人が選任する本人の代理人のこと。復代理人は、代理人を代理するのではなく、直接本人を代理する。**任意代理人**が復代理人を選任できるのは、本人の許諾を得た場合、またはやむを得ない事情のある場合だけである。これに対して、**法定代理人**は、いつでも復代理人を選任できる。代理人が復代理人を選任する権限を**復任権**という。

民 袋地
[ふくろち]
☞囲繞地／袋地

民 付合／加工／混和 □□□
[ふごう／かこう／こんわ]

①**付合**とは、物と結合して分離できなくなったもののこと。建物の増改築などがこれにあたる。

②**加工**とは、動産に工作を加えて別の物を作り出すこと。貴金属から指輪を作り出すことがこれにあたる。

③**混和**とは、液体が混ざるように元の物が識別できなくなること。ミルクとバナナを混ぜてミルクシェイクを作ることがこれにあたる。

行 不作為 □□□
[ふさくい]

するべきことをしないこと。特に行政法では、法令に基づく**申請**に対し、諾否の応答義務に違反して何らの処分もしないことをいう。そして、そのような行政庁を**不作為庁**という。行政庁の不作為に対しては、行政不服審査法により**不服申立て**が認められている。

行 不作為の違法確認の訴え □□□
[ふさくいのいほうかくにんのうったえ]

行政庁が法令に基づく申請に対し、相当の期間内に何らかの処分または裁決をすべきであるにかかわらず、これをしないことについての違法の確認を求める訴訟のこと。

民 付従性 □□□
[ふじゅうせい]

①**担保物権**について、被担保債権がなければ存在せず、被担保債権が消滅すると消滅するという性質のこと。

②**保証債務**について、主たる債務が存在しなければ保証債務も成立せず、主たる債務が消滅すれば保証債務も消滅するという性質のこと。また、内容面において、保証債務は、主たる債務より軽くすることはできるが重くすることはできないという性質も含まれる。

③**地役権**について、要役地の所有権が移転すれば地役権も併せて移転するという性質のこと。

民 扶助義務
[ふじょぎむ]
☞扶養義務／扶助義務

民 不真正連帯債務 □□□
[ふしんせいれんたいさいむ]

通常の連帯債務のような債務者間の人的関係（**主観的関連共同**）がないまま、複数人が負う連帯債務のこと。**共同不法行為**において共同行為者が負う損害賠償債務や、**使用者責任**を問われた使用者と被用者の債務が、これにあたるとされる。

憲 付随的審査制説／抽象的審査制説 □□□
[ふずいてきしんさせいせつ／ちゅうしょうてきしんさせいせつ]

①**付随的審査制説**とは、違憲審査権は、具体的な争訟事件の中でそれに付随

して行使すべきであるという考え方のこと。違憲審査権に関する判例の立場である。

②**抽象的審査制説**とは、違憲審査権は、具体的な争訟事件とは無関係に、それ自体を独立して行使すべきであるという考え方のこと。

商 **附属的商行為**

[ふぞくてきしょうこうい]

☞営業的商行為／絶対的商行為／附属的商行為

憲 **不逮捕特権** □□□

[ふたいほとっけん]

両議院の議員は、法律の定める場合を除き、**国会の会期**中は逮捕されないという特権のこと。政治的目的を帯びた不当な身体の拘束を防止し、議員の自由な活動を保障するためである。

行 **負担** □□□

[ふたん]

授益的行政行為の相手方に特別の義務を命じること。道路の占用許可にあたって占用料の納付を命じることや、自動車運転免許証に記載された「眼鏡等の使用」というものが、その例である。ただし、負担が履行されなくても、本体たる行政行為の効力に影響はない。

民 **負担付贈与** □□□

[ふたんつきぞうよ]

受贈者に何らかの義務を負担させる贈与契約のこと。受贈者がその義務を怠った場合、贈与者は**契約を解除**できる。

商 **普通株式／種類株式** □□□

[ふつうかぶしき／しゅるいかぶしき]

①**普通株式**とは、すべての株主に平等

な権利を与える通常の株式のこと。

②**種類株式**とは、「配当は通常より多くもらえるが議決権はない」というように、普通株式とは権利内容の異なる株式のこと。会社法は、内容の異なる9種類の種類株式を認めている。

商 **普通決議／特別決議／特殊決議** □□□

[ふつうけつぎ／とくべつけつぎ／とくしゅけつぎ]

いずれも、株主総会決議の要件のこと。

①**普通決議**とは、行使可能な議決権の過半数を持っている株主が出席し（定足数）、出席した株主の議決権の**過半数**で決すること。これが原則的な決議要件である。

②**特別決議**とは、行使可能な議決権の過半数を持つ株主が出席し（定足数）、出席した株主の議決権の**3分の2**以上の多数で決すること。合併や監査役の解任などがこれにあたる。

③**特殊決議**とは、総株主の半数以上で、かつ、総株主の議決権の**3分の2**以上の賛成を要件とする決議のこと。なお、特殊決議にあっては、一定の場合に、**4分の3**以上の賛成を必要とするケースもある。

民 **普通失踪／特別失踪** □□□

[ふつうしっそう／とくべつしっそう]

①**普通失踪**とは、**7**年間生死不明の不在者（従来の所在地を去った者）に対して、家庭裁判所が、利害関係人（配偶者・相続人・債権者など）の請求により失踪宣告を行うと、**7**年の失踪期間満了時に死亡したとみなされる制度のこと。

②**特別失踪**とは、戦争や航空機事故といった死亡の原因となるような危難に遭遇し、その危難が去ってから**1**

年間生死不明の者に対して、家庭裁判所が利害関係人の請求により失踪宣告を行うと、危難の去った時に死亡したとみなされる制度のこと。

憲 普通選挙／制限選挙 □□□
[ふつうせんきょ／せいげんせんきょ]

①普通選挙とは、選挙資格の平等を求め、選挙資格の取得に、財力・教育・性別などによる制限を設けない制度のこと。

②制限選挙とは、財力・教育・性別などを選挙資格の要件とする選挙制度のこと。

憲法は、公務員の選挙について、成年者による普通選挙を保障している。

行 普通地方公共団体／特別地方公共団体 □□□
[ふつうちほうこうきょうだんたい／とくべつちほうこうきょうだんたい]

①普通地方公共団体とは、憲法が予定した、全国どこにでも存在する普遍的な団体のこと。都道府県と市町村がこれにあたる。普通地方公共団体の議会の議員定数は、条例で自由に決めることができる。一方、議員の任期は、地方自治法により4年と定められている。

②特別地方公共団体とは、一定の範囲の事務を処理するために、普通地方公共団体から派生的に形成される特殊な団体のこと。特別地方公共団体には、特別区・地方公共団体の組合・財産区の3種類がある。

行 普通地方公共団体の長 □□□
[ふつうちほうこうきょうだんたいのちょう]

都道府県知事と市町村長のこと。地方公共団体では、長も、住民が直接選挙で選ぶ。都道府県知事の被選挙権は年齢満30年以上の日本国民に、市町村

長の被選挙権は年齢満25年以上の日本国民に認められている。つまり、都道府県または市町村の住民でない者も、長に立候補できる。

民 普通養子縁組／特別養子縁組 □□□
[ふつうようしえんぐみ／とくべつようしえんぐみ]

①普通養子縁組とは、養子と実親・実方親族との関係に何ら影響を与えず、従来どおりの関係が存続する縁組のこと。養子は、実方と養方の二面の親族関係を持つことになる。

②特別養子縁組とは、養子と実方の父母及びその血族との親族関係が終了する縁組のこと。特別養子縁組ができるのは、原則として、養子となる者が15歳未満である場合に限られる。特別養子縁組をするには、家庭裁判所の審判を受ける必要がある。

民 復帰的物権変動 □□□
[ふっきてきぶっけんへんどう]

取消権に基づいて売買契約を取り消した場合に、その契約が初めからなかったことになると擬制せず、実態に即して、売買によりいったん買主に移った所有権が取消しによって売主に戻ると構成すること。

民 物権
[ぶっけん]

☞債権／物権

民 物権的請求権 □□□
[ぶっけんてきせいきゅうけん]

物権の円満な実現のために、物に対する支配の維持・回復を目的として認められている権利のこと。物権的請求権には、物権的返還請求権・物権的妨害排除請求権・物権的妨害予防請求権の

3種類がある。

民 物権的返還請求権 □□□
[ぶっけんてきへんかんせいきゅうけん]

所有者が目的物の占有を奪われた場合に、所有権に基づき、その目的物の占有者に対して返還を請求する権利のこと。

民 物権的妨害排除請求権 □□□
[ぶっけんてきぼうがいはいじょせいきゅうけん]

所有権の行使が権限なく妨害された場合に、その妨害の排除を請求する権利のこと。

民 物権的妨害予防請求権 □□□
[ぶっけんてきぼうがいよぼうせいきゅうけん]

所有権侵害のおそれがある場合に、それを防止するための措置を請求する権利のこと。

民 物権の絶対性
[ぶっけんのぜったいせい]

☞債権の相対性／物権の絶対性

民 物権変動 □□□
[ぶっけんへんどう]

物権の発生・変更・消滅のこと。同一物に対する同一内容の物権は1つしか存在できないため、民法は、不動産の物権変動には登記を、動産の物権変動には引渡しを、それぞれの対抗要件と定めている。

民 物権法定主義 □□□
[ぶっけんほうていしゅぎ]

物権は、法律に定めるもの以外に創設できないというルールのこと。物権が排他性を有する強力な権利であることによる。ただし、譲渡担保権など、判例によって承認された物権も現実には

存在する。

民 物上代位性 □□□
[ぶつじょうだいいせい]

先取特権・質権・抵当権の性質のひとつ。担保物が滅失しても、それに代わる物に担保物権が存続し、その物に効力を及ぼすという性質のこと。たとえば、抵当不動産が売却された場合、抵当権者は、その売却代金に対しても抵当権を行使できる。

民 物上保証 □□□
[ぶつじょうほしょう]

他人の債務を担保するために、自己の財産に質権または抵当権を設定すること。債務者が弁済できない場合、物上保証人は自らの担保物を失うことになる。ただし、債権者からそれ以上の追及を受けることはない。

民 物的担保
[ぶってきたんぽ]

☞人的担保／物的担保

民 不動産
[ふどうさん]

☞動産／不動産

民 不動産質
[ふどうさんしち]

☞動産質／不動産質

民 不動産の二重譲渡 □□□
[ふどうさんのにじゅうじょうと]

同一の不動産を同時または順次に二重に譲渡すること。不動産物権変動の対抗要件は登記であることから、先に登記を備えた譲受人が所有権を取得する。譲渡の先後は関係しない。なお、不動産の所有権が得られなかった譲受人が譲渡人に損害賠償請求できること

は行

は言うまでもない。

民 不当利得 □□□
[ふとうりとく]

法律上の原因（正当化する法律関係）がないのに利益を得たために、本来利益を得るべき人がその分だけ損失を被っていること。損失を被った者は、受益者に対して利得の返還を請求できる。返還義務の範囲について、善意の受益者は、現存利益を返還すればよい。悪意の受益者は、受けた利益に利息を付けて返還する必要がある。また、損害賠償責任も負う。

民 不特定物 □□□
[ふとくていぶつ]

☞特定物／不特定物／種類物

民 不能条件 □□□
[ふのうじょうけん]

☞不法条件／不能条件

行 不服申立て □□□
[ふふくもうしたて]

行政庁の処分や不作為に対して、国民が不服を申し立てること。違法な処分・不作為だけでなく、不当な処分・不作為に対しても、申し立てることができる。不服申立てには、審査請求・再調査の請求・再審査請求の3種類がある。

行 不服申立資格 □□□
[ふふくもうしたてしかく]

不服申立てをするにあたって、自分の名で不服申立てをする資格のこと。不服申立資格は、自然人なら当然に認められる。法人にも不服申立資格が認められている。また、法人でない社団または財団も、代表者または管理人の定めがあるものについては、不服申立資格が認められている。

行 不服申立適格 □□□
[ふふくもうしたててきかく]

不服申立てをするにあたって、実際にその特定の不服申立てを追行する資格のこと。処分に対する審査請求について不服申立適格が認められるのは、その処分によって直接権利利益を侵害された者、または必然的に侵害されるおそれのある者である。処分の相手方（処分を受けた者）に限らない。

憲 部分社会 □□□
[ぶぶんしゃかい]

一般市民社会とは別個の自律的な法規範を持つ特殊な社会のこと。部分社会における内部問題は、その自主的・自律的な解決に委ねるのが適当であって、司法審査の対象にならない。具体的には、大学の単位の認定・授与行為、政党の党員に対する除名処分などは、司法審査の対象にならないとされている。

基 不文法 □□□
[ふぶんほう]

☞成文法／不文法

民 不法原因給付 □□□
[ふほうげんいんきゅうふ]

不法（違法）な目的（原因）のためになされる給付のこと。不法原因給付の場合、給付者は不当利得返還請求権を行使できない。クリーン・ハンズの原則（法を守る者だけが法による救済を求めることができるという原則）に基づく制度。たとえば、愛人契約を維持するために金銭を給付した場合が、これにあたる。不法原因給付をした者は、不当利得返還請求のみならず所有権に基づく返還請求も認められないため、その反射的効果として、給付物の所有権は受益者が取得する。

民 不法行為　□□□

[ふほうこうい]

故意または過失によって他人の権利等を侵害すること。不法行為をした者は、損害賠償責任を負う。不法行為が成立するためには、①加害者に故意過失があること、②被害者の権利または法律上保護すべき利益が侵害されたこと、③損害が発生したこと、④行為と結果の間に相当因果関係が存在することが必要である。

民 不法条件／不能条件　□□□

[ふほうじょうけん／ふのうじょうけん]

①不法条件とは、違法な行為をすることまたはしないことを内容とする条件のこと。たとえば、「A の殺害を条件に 1,000 万円を支払う」といった契約がこれにあたる。この場合、法律行為（契約）は無効となる。

②不能条件とは、実現不可能な事柄を内容とする条件のこと。その条件が停止条件なら無効、解除条件なら無条件（条件付でない法律行為）とされる。「100 メートルを 5 秒で走ったら 1 億円を贈与する」というのは不能の停止条件付法律行為、「100 メートルを 5 秒で走ったらおまえの会社の買収契約はなかったことにしてやる」というのが不能の解除条件付法律行為である。

民 扶養義務／扶助義務　□□□

[ふようぎむ／ふじょぎむ]

①扶養義務とは、直系血族及び兄弟姉妹が互いに他を扶養する義務のこと。民法上の扶養とは、経済的援助のことであって、介護義務を意味しない。また、親族間の扶養義務は、自らが相応の生活をした上で、余裕のある範囲で行えばよい（生活扶助義務）。

②扶助義務とは、夫婦が同居し、互いに協力し扶助し合う義務のこと。夫婦間の扶助義務は、相手方に自分と同程度の生活をさせる義務である（生活保持義務）。

憲 プライバシーの権利　□□□

[ぷらいばしーのけんり]

判例によれば、私生活をみだりに公開されない権利のこととされる。これに対し、学説は、自己についての情報をコントロールする権利とする立場が有力である。

行 不利益処分　□□□

[ふりえきしょぶん]

行政庁が、法令に基づき、特定の者を名あて人として、直接に、これに義務を課し、またはその権利を制限する処分のこと。営業停止処分や営業許可の取消処分が、これにあたる。ただし、許認可等の申請に対する拒否処分や、行政指導に従わない場合に行われる事実の公表は、不利益処分ではない。なお、地方公共団体の機関がする不利益処分のうち、法律に基づくものには、行政手続法が適用される。

民 分割債権・分割債務／不可分債権・不可分債務　□□□

[ぶんかつさいけん・ぶんかつさいむ／ふかぶんさいけん・ふかぶんさいむ]

①分割債権とは、複数の債権者が 1 人の債務者に対して有する分割可能な債権（例金銭債権）のこと。

②分割債務とは、複数の債務者が 1 人の債権者に対して有する分割可能な債務（例金銭債務）のこと。

③不可分債権とは、複数の債権者が 1 人の債務者に対して有する分割できない債権（例 1 匹の犬の引渡債権）のこと。

④不可分債務とは、複数の債務者が 1

人の債権者に対して有する分割できない債務（例1匹の犬の引渡債務）のこと。

分割債権・分割債務においては、複数の債権者・債務者が、それぞれ等しい割合で権利を有し、義務を負う。一方、不可分債権においては、債権者の1人が履行を請求すると、債権者全員が請求したのと同じ効果を生じる。不可分債務においては、債権者は、1人の債務者またはすべての債務者に対して、同時または順次に全部の履行を請求できる。

民 分別の利益　□□□
[ぶんべつのりえき]

共同保証人は、原則として平等な割合で分割された額についてのみ保証債務を負えばよく、全額について保証する必要はないという利益のこと。たとえば、100万円の主たる債務について共同保証人が2人いた場合、各保証人は、50万円ずつの保証債務を負えばよい。ただし、連帯保証人には、分別の利益がない。

憲 文民　□□□
[ぶんみん]

現在自衛官でなく、かつ、過去に職業軍人であった経歴のない者のこと。

基 文理解釈　□□□
[ぶんりかいしゃく]

条文の文言の意味から論理的に導く解釈のこと。

民 併存的債務引受／免責的債務引受
□□□
[へいぞんてきさいむひきうけ／めんせきてきさいむひきうけ]

①併存的債務引受とは、債務者の債務を、債務者とともに、第三者が引き受けること。

②免責的債務引受とは、債務者の債務を、債務者に代わって、第三者が引き受けること。

併存的債務引受においては、債務者と引受人が連帯債務を負い、債務者は債務から離脱しない。そして、債権者・引受人間で契約するときは債務者の承諾が不要であるのに対し、債務者・引受人間で契約するときは債権者の承諾が必要となる。

一方、免責的債務引受においては、引受人が単独で債務を負い、債務者は、債務から離脱する。そして、債権者・引受人間で契約するときは債務者にその旨を通知するだけでよいのに対し、債務者・引受人間で契約するときは債権者の承諾が必要となる。

併存的債務引受・免責的債務引受いずれの場合も、その効力が生じた時点において債務者が債権者に対して主張できる抗弁（例同時履行の抗弁権）は、引受人も主張できる。また、債務者が債権者に対して取消権・解除権を有していた場合、引受人は、履行を拒むことができる。

憲 平和主義　□□□
[へいわしゅぎ]

日本国憲法の基本原理のひとつ。前文で平和主義を宣言し、9条で戦争の放棄、軍備・交戦権を否定している。また、内閣総理大臣と国務大臣を文民でなければならないとする規定も、平和主義の表れといえる。

民 弁済　□□□
[べんさい]

☞債務の履行／弁済

141

民 弁済による代位／代位弁済 □□□
[べんさいによるだいい／だいいべんさい]

弁済による代位とは、債務者以外の第三者が債務を弁済することにより、債権者に代位すること。そのような弁済を**代位弁済**ともいう。債権者に代位した者は、債権の効力及び担保としてその債権者が有していた一切の権利を行使することができる。

民 弁済の提供 □□□
[べんさいのていきょう]

債務者が、**債務の本旨**に従って自分1人でできることを尽くし、**債権者の協力**があれば履行が完成するという状況を作り出すこと。債務者は、弁済の提供の時から、債務不履行によって生じる一切の責任を免れる。弁済の提供方法は、原則として**現実の提供**を必要とするが、例外的に口頭の提供が認められるケースもある。

商 変態設立事項 □□□
[へんたいせつりつじこう]

会社の財産基盤を危うくするおそれがあるため、**定款**に記載しなければ効力が生じないとされている事項のこと。具体的には、①**現物出資**、②**財産引受**、③**発起人の報酬**等、④**設立費用**の4種類がある。

民 片務契約
[へんむけいやく]

☞**双務契約／片務契約**

行 弁明書 □□□
[べんめいしょ]

行政庁による不利益処分に対して弁明する際に提出する書類のこと。弁明は、原則として弁明書を提出して行う。口頭でできるのは、行政庁が認めた場合だけである。

行 弁明の機会の付与
[べんめいのきかいのふよ]

☞**聴聞／弁明の機会の付与**

行 弁論主義 □□□
[べんろんしゅぎ]

訴訟資料の提出は、当事者がその責任で行うという原則のこと。

基 法 □□□
[ほう]

社会生活を規律している規範のこと。法は、社会秩序の維持を目的としたものであり、人間の行動選択の基準となり得るものである。**国家権力による強制**を伴う点が、法の最大の特徴である。

民 忘恩行為 □□□
[ぼうおんこうい]

受贈者が、贈与者に対して虐待・違法行為・重大な侮辱を行うなど、恩を忘れた行為をすること。贈与契約において、受贈者が忘恩行為を行った場合には、書面による贈与であっても、撤回を認めるべきであるとされる。

民 包括承継
[ほうかつしょうけい]

☞**一般承継／包括承継／特定承継**

行 法規命令／行政規則 □□□
[ほうきめいれい／ぎょうせいきそく]

①**法規命令**とは、行政機関の定立する法規範のうち、国民の権利義務に直接関わる法規たる性質のあるもののこと。政令・内閣府令・省令・各庁の長や委員会などの規則は、いずれも法規命令である。しかし、審査基準は法規命令ではない。

②**行政規則**とは、行政機関の定立する法規範のうち、法規としての性質はなく、行政組織の内部規範にすぎな

いもののこと。告示、訓令・通達などがこれにあたる。

行 報告書
[ほうこくしょ]

☞聴聞調書／報告書

基 法源 □□□
[ほうげん]

裁判官が裁判をする際のよりどころとなる規範のこと。法源には、成文法と不文法がある。

基 法実証主義
[ほうじっしょうしゅぎ]

☞自然法思想／法実証主義

商 報酬委員会
[ほうしゅういいんかい]

☞指名委員会／監査委員会／報酬委員会

民 報償責任
[ほうしょうせきにん]

☞危険責任／報償責任

基 法人 □□□
[ほうじん]

法律によって法人格を付与され、権利義務の主体になれる団体等のこと。株式会社・財団法人・学校法人などがこれにあたる。法人の権利能力は、定款などで定められた目的の範囲内に限定される。

憲 法人の人権 □□□
[ほうじんのじんけん]

法人に関する憲法上の論点。憲法の人権規定は、性質上可能な限り、法人にも適用される。また、法人である会社には、政治的行為を行う自由がある。政治資金の寄付も、その一環として許

される。

基 法人法定主義 □□□
[ほうじんほうていしゅぎ]

法人は法律に従って設立されるというルールのこと。

基 法曹一元制度
[ほうそういちげんせいど]

☞職業裁判官制度／法曹一元制度

行 法定受託事務
[ほうていじゅたくじむ]

☞自治事務／法定受託事務

民 法定相続分／指定相続分 □□□
[ほうていそうぞくぶん／していそうぞくぶん]

①法定相続分とは、遺言による相続分の指定がない場合に、各相続人が受け取る取り分のこと。配偶者と子が相続する場合は、配偶者と子が各2分の1。配偶者と父母が相続する場合は、配偶者が3分の2、父母が3分の1。配偶者と兄弟姉妹が相続する場合は、配偶者が4分の3、兄弟姉妹が4分の1。なお、子や兄弟姉妹が複数いる場合は、均等割となる。

②指定相続分とは、被相続人が遺言で各相続人の相続分を指定した場合のそれぞれの取り分のこと。

民 法定代位／任意代位 □□□
[ほうていだいい／にんいだいい]

①法定代位とは、弁済をするについて正当な利益のある者が弁済をすることにより、法律上当然に債権者に代位すること。

②任意代位とは、弁済をするについて正当な利益がない者が債権者に代位すること。法定代位と異なり、任意代位を債務者や第三者に主張するには、債権者による通知または債務者

の承諾が必要である。

民 法定代理／任意代理 □□□
[ほうていだいり／にんいだいり]

①法定代理とは、本人の意思とは無関係に法律の規定を根拠として発生する代理のこと。法定代理の代理権は、法律の規定に基づき、一定の身分関係のある者に当然発生したり、本人以外の者の指定や家庭裁判所の選任などによって発生したりする。法定代理における代理権の範囲は、法律で定められている。

②任意代理とは、本人の意思（信任）に基づく代理である。任意代理の代理権は、委任契約などの契約によって授与される。任意代理における代理権の範囲は、本人の意思による。

民 法定担保物権／約定担保物権 □□□
[ほうていたんぽぶっけん／やくじょうたんぽぶっけん]

①法定担保物権とは、法律の規定により認められている担保物権のこと。留置権・先取特権がある。

②約定担保物権とは、当事者の合意により成立する担保物権のこと。抵当権・質権がある。

民 法定地上権 □□□
[ほうていちじょうけん]

同一人所有の土地と建物が、競売によって所有者を異にすることとなった場合に、建物所有者に敷地利用権がないため建物を収去せざるを得ない事態となることを防ぐため、一定の要件を満たせば、法律上当然に地上権が成立するとされる権利のこと。建物所有者を保護するために認められた権利である。

民 法定追認 □□□
[ほうていついにん]

追認を明言しなくても、追認可能な状態となった後に、取消権者が、異議をとどめることなく追認と実質的に同じと認められる行為を行った場合には、追認をしたものとみなされる制度のこと。法定追認事由には、次のようなものがある。

①相手方に債務を履行したこと、または相手方の弁済を受けたこと。

②相手方に履行を請求したこと。

③更改契約を行ったこと。

④相手方に担保を供与したこと、または相手方から担保の供与を受けたこと。

⑤取り消すことができる行為によって取得した権利の全部または一部を譲渡したこと。

⑥強制執行を行ったこと。

憲 法廷でメモを取る自由 □□□
[ほうていでめもをとるじゆう]

表現の自由に関する憲法上の論点のひとつ。判例によれば、「情報等に接し、摂取することの補助としてなされる限り、筆記行為は、憲法21条1項の精神に照らして尊重されるべきである。ただし、表現の自由そのものではないから、その制限または禁止の合憲性の判断に厳格な基準は要求されない」とされる。

民 法定利率／約定利率 □□□
[ほうていりりつ／やくじょうりりつ]

①法定利率とは、法律で定められた利率のこと。民法により年3％とされ、3年に1度見直される。

②約定利率とは、当事者間の合意によって定められた利率のこと。約定利率は、原則として当事者間で自由に決めることができる。ただし、金銭

消費貸借においては、<u>利息制限法</u>等による規制がある。

基 法テラス ☐☐☐
［ほうてらす］

紛争解決に必要な法情報・サービスを国民に提供するため、総合法律支援法に基づいて全国に設置された団体のこと。正式名称を「日本司法支援センター」という。法律の窓口相談や犯罪被害者支援などを行う。

憲 報道の自由／取材の自由 ☐☐☐
［ほうどうのじゆう／しゅざいのじゆう］

①<u>報道の自由</u>とは、報道機関が事実を告げ知らせる自由のこと。報道は、国民が国政に関与する上で重要な判断資料を提供し、国民の<u>知る権利</u>に奉仕する。そのため、事実の報道の自由は、思想の表明の自由と並んで、憲法21条の保障の下にある。
②<u>取材の自由</u>とは、報道の自由を実現するために求められる取材に関する自由のこと。判例は、報道のための取材の自由は、表現の自由の精神に照らして十分尊重に値するとするが、一方で、ⓐ<u>公正な裁判の実現</u>のために取材の自由がある程度の制約を受けることはやむを得ない、ⓑ取材源について<u>証言拒絶の権利</u>（取材源秘匿の自由）まで保障したものではないとしている。

基 法の解釈 ☐☐☐
［ほうのかいしゃく］

法の適用の前提（予備的作業）として、法の意味内容を明らかにすること。法の解釈方法としては、①<u>文理解釈</u>、②<u>拡大解釈</u>（拡張解釈）、③<u>縮小解釈</u>、④<u>類推解釈</u>、⑤<u>反対解釈</u>がある。

憲 法の下の平等 ☐☐☐
［ほうのもとのびょうどう］

すべての国民が、法の下に等しく扱われ、差別的な扱いを受けないという考え方のこと。ここでいう「平等」は、例外を一切許さない絶対的平等ではなく、合理的な差異を許容する<u>相対的平等</u>を意味する。そして、「法の下の平等」とは、法の内容自体が平等でなければならない。差別的な内容の法を平等に適用しても、不平等な結果しか得られないからである。

憲 法律 ☐☐☐
［ほうりつ］

<u>国会</u>が制定する法のこと。法律を制定する国家機関は、国会だけである（<u>国会中心立法の原則</u>）。また、法律の制定過程に他の機関が関与してはならないのが原則である（<u>国会単独立法の原則</u>）。法律は、原則として衆参両議院で可決したときに成立する。可決には、出席議員の過半数の賛成が必要である。

民 法律行為 ☐☐☐
［ほうりつこうい］

意思表示によって一定の法律効果を発生させる行為のこと。<u>契約・遺言・取消権の行使</u>などが代表例。

行 法律行為的行政行為／準法律行為的行政行為 ☐☐☐
［ほうりつこういてきぎょうせいこうい／じゅんほうりつこういてきぎょうせいこうい］

①<u>法律行為的行政行為</u>とは、行政行為のうち、行政庁の意思表示によって成立し、その意思に則した法律効果が発生する行政行為のこと。代表例は、<u>許可</u>（囫飲食店の営業許可）・<u>特許</u>（囫鉱業権設定の許可）・<u>認可</u>（囫農地の権利移転の許可）。
②<u>準法律行為的行政行為</u>とは、行政行

為のうち、行政庁の意思ではなく、**法律の定め**に基づいて法律効果が発生するもののこと。代表例は、**確認**（例当選人の決定・発明の特許）・**公証**（選挙人名簿への登録・医師免許の付与）。

なお、法律行為的行政行為は、行政庁の意思に基づくため、一定の裁量が認められるが、準法律行為的行政行為は、行政庁の意思に基づくものではない以上、行政庁の裁量は認められない。

行 法律効果の一部除外　□□□
[ほうりつこうかのいちぶじょがい]

法令が認めている行政行為の効果のうち、その一部を発生させないことにする意思表示のこと。たとえば、「公務員の出張にあたっては、その旅費を支給する。ただし、通常必要としないものについては、これを支給しない」といった場合がこれにあたる。法律効果の一部除外は、**法律に明文の根拠**がある場合に限られ、行政庁の裁量権だけで付することはできない。

憲 法律上の争訟　□□□
[ほうりつじょうのそうしょう]

法令の適用によって解決すべき権利義務に関する当事者間の紛争のこと。

行 法律による行政の原理
[ほうりつによるぎょうせいのげんり]

行政の活動は法律に基づいて行われなければならないという考え方のこと。この原理から、**法律の留保の原則**が導かれる。

行 法律の留保の原則
[ほうりつのりゅうほのげんそく]

行政活動には法律の根拠が必要だとする考え方のこと。法律の根拠を必要とする範囲については、**侵害留保説**が伝統的な通説である。

基 法律不遡及の原則　□□□
[ほうりつふそきゅうのげんそく]

法律は、制定または改正前の事実には適用されないという原則のこと。**既得権**を尊重し、法的安定性を図る必要があるからである。この原則は、刑事事件においては**刑罰不遡及の原則**として堅持されているが、それ以外の分野では、必ずしも絶対的なものではない。既得権を侵害しない場合や、それを上回る政策的必要性がある場合などには、例外が認められている。たとえば、公務員の給与関係法令の改正は、遡及効が認められている。

憲 法令違憲／適用違憲　□□□
[ほうれいいけん／てきよういけん]

①**法令違憲**とは、法令そのものが憲法違反であると宣言すること。ただし、裁判所が法令違憲の判断をしても、法令は、その事件に適用されないだけで、依然として効力を持ち続ける（**個別的効力説**）。違憲判決によって法令の効力がなくなる（**一般的効力説**）とすると、裁判所に一種の**消極的立法作用**を認めることになり、国会を唯一の立法機関とする憲法 41 条に反するからである。

②**適用違憲**とは、法令そのものは合憲であるが、当該事件に適用する限りにおいて憲法違反であると宣言すること。

基 補強法則　□□□
[ほきょうほうそく]

自白があっても、それだけで有罪とすることはできず、有罪とするには、自白を補強する証拠が必要であるというルールのこと。

民 保佐開始の審判

[ほさかいしのしんぱん]

精神上の障害によって事理弁識能力（物事の判断能力）が著しく不十分なため、本人・配偶者・4親等内の親族・後見人・補助人・検察官などの請求により、家庭裁判所が行う審判のこと。保佐開始の審判を受けた者を被保佐人といい、被保佐人には、保護者として保佐人が付される。

民 保佐人／被保佐人

[ほさにん／ひほさにん]

①保佐人とは、被保佐人の保護者のこと。保佐人は、保佐開始の審判をする際に、家庭裁判所が一切の事情を考慮して職権で選任する。保佐人は、民法の規定あるいは家庭裁判所から与えられた同意権や代理権を行使して、被保佐人を保佐する。

②被保佐人とは、精神上の障害によって事理弁識能力（物事の判断能力）が著しく不十分なため、家庭裁判所が保佐開始の審判を行った者のこと。被保佐人には、保護者として保佐人が付される。被保佐人が不動産など重要な財産に関する権利の得喪を目的とする行為や保証などの民法所定の行為をするには、保佐人の同意を得なければならない。ただし、日用品の購入など日常生活に関する行為については、同意を得る必要はない。

商 募集株式

[ぼしゅうかぶしき]

株式会社が、会社成立後に発行する株式または処分する自己株式を引き受ける者を募集し、その募集に応じて株式引受けの申込みをした者に割り当てる株式のこと。

商 募集新株予約権

[ぼしゅうしんかぶよやくけん]

募集に応じて新株予約権の引受けの申込みをした者に対して割り当てる新株予約権のこと。新株予約権を引き受ける者を募集し、募集新株予約権を発行する場合、会社は、その都度、募集新株予約権の内容及び数などの募集事項を決定しなければならない。

商 募集設立

[ぼしゅうせつりつ]

☞発起設立／募集設立

民 保証

[ほしょう]

主たる債務者が主たる債務を弁済できない場合に、保証人が代わって弁済するという保証人・債権者間の契約のこと。保証契約は、書面でしなければ効力を生じない。

民 補助開始の審判

[ほじょかいしのしんぱん]

精神上の障害によって事理弁識能力（物事の判断能力）が不十分なため、本人・配偶者・4親等内の親族・後見人・保佐人・検察官などの請求により、家庭裁判所が行う審判のこと。後見開始の審判や保佐開始の審判と異なり、本人以外の者が請求するには、本人の同意が必要である。補助開始の審判を受けた者を被補助人といい、保護者として、補助人が付される。

行 補助機関

[ほじょきかん]

行政庁や行政機関の職務を遂行するために、日常的な業務を担う機関のこと。具体的には、事務次官・局長・副知事・副市町村長・一般職員などである。なお、行政目的を実現するための実力行

使をしない点で、執行機関と異なる。

民 補助人／被補助人 □□□
[ほじょにん／ひほじょにん]

①補助人とは、被補助人の保護者のこと。補助人は、補助開始の審判をする際に、家庭裁判所が一切の事情を考慮して職権で選任する。補助人は、家庭裁判所から付与された同意権や代理権を行使して、被補助人を補助する。

②被補助人とは、精神上の障害によって事理弁識能力（物事の判断能力）が不十分なため、家庭裁判所が補助開始の審判を行った者のこと。被補助人には、保護者として補助人が付される。

行 補正
[ほせい]
☞教示／補正

民 保存行為／管理行為 □□□
[ほぞんこうい／かんりこうい]

①保存行為とは、物の現状を維持するための行為のこと。

②管理行為とは、物の性質を変えない範囲内で利用・改良する行為のこと。
保存行為の例としては、共有建物の修理や不法占拠者への明渡請求があげられる。共有物の保存行為は、各共有者が単独で行うことができる。
管理行為の例としては、共有建物の賃貸（利用行為）があげられる。共有物の管理行為は、持分価格の過半数で決する。

商 発起設立／募集設立 □□□
[ほっきせつりつ／ぼしゅうせつりつ]

①発起設立とは、株式会社の設立に際して発行する株式（設立時発行株式）のすべてを発起人が引き受ける設立方法。

②募集設立とは、設立時発行株式の一部だけを発起人が引き受け、残りについては、株式引受人を募集するという設立方法。一般から資金を調達して大規模な株式会社を設立するのに適している。設立時発行株式の引受人を募集するには、発起人全員の同意が必要である。

商 発起人 □□□
[ほっきにん]

会社の設立に関して、定款に発起人として署名または記名押印した者のこと。発起設立にせよ募集設立にせよ、株式会社を設立するためには、発起人が必要である。発起人は1人でもかまわない。資格に制限はなく、制限行為能力者や法人も発起人になることができる。発起人の権限は、定款の作成などの設立を直接の目的とする行為と、職員の雇用などの設立のために必要な行為に限られる。開業準備行為は、権限に含まれない。

は行

ま行

基 又は／若しくは □□□
[または／もしくは]

いずれも、複数の語句を選択的に連結する接続詞。

① 「又は」は、選択的連結が重なり、選択される語句に段階がある場合、最も大きな意味での選択的連結にのみ用いる。

② 「若しくは」は、他の小さな意味での選択的連結に用いる。

たとえば、「A 若しくは B 又は C」という場合、A と B が同列、さらに「A・B」と「C」が同列という扱いになる。

民 未成年
[みせいねん]

☞ 成年／未成年

民 未成年後見人 □□□
[みせいねんこうけんにん]

親権者の死亡等のため未成年者に親権者がない場合に、家庭裁判所が申立てにより選任する保護者のこと。未成年後見人は、未成年者（未成年被後見人）の法定代理人であり、未成年者の監護養育・財産管理・契約等の行為を行う。

基 みなす
[みなす]

☞ 推定する／みなす

行 民衆訴訟 □□□
[みんしゅうそしょう]

国または公共団体の機関の法規に適合しない行為の是正を求める訴訟で、選挙人たる資格その他自己の法律上の利益にかかわらない資格で提起するものこと。民衆訴訟は、国民の個人的利害と関係なく、もっぱら行政の非違を是正するという公益を指向した特異な訴訟である。客観訴訟と呼ばれるものの１つで、法律に定めがある場合に、法律の定めた者だけが提起できる訴訟である。地方自治法の住民訴訟や公職選挙法の選挙の効力に関する訴訟が、民衆訴訟の例である。

民 無権代理 □□□
[むけんだいり]

代理権がないのに代理行為をしたり、与えられた代理権の範囲外の行為をしたりすること。無権代理の効果は、本人に帰属しない。無権代理行為の相手方は、本人に対して相当の期間内に追認するか否かを確答するように催告でき、本人が確答しない場合には、追認を拒絶したものとみなされる。また、善意無過失の相手方は、行為能力のある無権代理人に対して本来の履行・損害賠償のいずれかを請求できる。

民 無効
[むこう]

☞ 取消し／無効／撤回

行 無効等確認の訴え □□□
[むこうとうかくにんのうったえ]

処分もしくは裁決の存否またはその効力の有無の確認を求める訴訟のこと。ある処分または裁決に続く処分により損害を受けるおそれのある者は、無効等確認の訴えを提起できる。たとえば、課税処分に続く滞納処分により損害を受けるおそれのある納税者は、課税処分の無効確認を求める訴えを提起できる。無効等確認の訴えには、期間による出訴制限はなく、いつでも訴えを提起できる。

民 無主物の先占
[むしゅぶつのせんせん]

誰の所有物にもなっていない物を所有の意思で占有すること。無主物の先占の対象は、動産だけである。無主の不動産は、国庫に帰属する。

民 無償契約
[むしょうけいやく]

☞有償契約／無償契約

民 無資力要件
[むしりょくようけん]

債権者代位権や債権者取消権（詐害行為取消権）の要件のひとつで、債務者の資力が十分でなく（債務超過）、代位権（取消権）を行使しないと、債権を回収できなくなるおそれがある状態のこと。

憲 明確性の理論
[めいかくせいのりろん]

刑罰規定は、明確に定められていなければならないという考え方のこと。国民から見て不明確な文言を含む刑罰規定は、憲法31条に反し、無効である。

憲 明白性の原則
[めいはくせいのげんそく]

経済的自由権に対する規制において、立法府が裁量権を逸脱し著しく不合理であることが明白な場合にのみ、裁判所は違憲として効力を否定できるとする考え方のこと。たとえば、小売市場の許可制は、社会経済を調和的に発展させるための中小企業保護政策の1つとしてとられた積極目的規制であり、著しく不合理であることが明白とはいえないから、合憲であるとされる。

基 命令
[めいれい]

☞判決／決定／命令

憲 命令委任／自由委任
[めいれいいにん／じゆういにん]

①命令委任とは、国会議員は、選挙区の有権者から指図や訓令を受け、それに法的に拘束されるという考え方のこと。

②自由委任とは、国会議員は、選挙区の有権者から指図を受けることなく、原則として、議会において自由かつ独立に行動できるという考え方のこと。ただし、自由委任にあっても、民意から乖離した政治は許されず、民意を反映することが事実上要請されている。

行 命令的行為／形成的行為
[めいれいてきこうい／けいせいてきこうい]

いずれも、法律行為的行政行為に分類される行為。

①命令的行為とは、国民が生まれながらにして持っている活動の自由にかかわる行政行為のこと。代表例は、許可（例飲食店の営業許可・風俗営業の許可・公衆浴場の許可）。

②形成的行為とは、国民が本来持っていない法的地位に関する行政行為のこと。代表例は、特許（例鉱業権設定の許可・河川法に基づく土地の占用許可・公務員の任命）。

行 命令等
[めいれいとう]

法律に基づく命令または規則・申請の審査基準・不利益処分の処分基準・行政指導指針であって、内閣または行政機関が定めるもののこと。

民 免除
[めんじょ]

☞債務免除／免除

民 免責的債務引受
[めんせきてきさいむひきうけ]

☞併存的債務引受／免責的債務引受

憲 免責特権 □□□
[めんせきとっけん]

衆参両議院の議員は、議院で行った演説・討論・表決について、院外で責任を問われないという特権のこと。院内での議員の職務活動の自由を保障するために認められている。「責任」とは、民事上・刑事上の法的責任のことである。政治責任の追及はできる。なお、免責特権が認められるのは、国会議員だけであって、地方議会の議員には認められない。

民 申込み □□□
[もうしこみ]

契約の締結を望む者（申込者）が、相手方の承諾さえあれば直ちに契約を成立させるという意思を相手方に伝える意思表示のこと。なお、チラシや立て看板に「売り家」などと書かれている場合は、「申込みの誘引」といって、相手方に申込みをさせようとする意思の通知にすぎず、申込みではない。

憲 目的効果基準 □□□
[もくてきこうかきじゅん]

政教分離に関する合憲性判断の基準のこと。政教分離原則は、国家と宗教との関わりを全面的に禁止するものではなく、行為の目的及び効果に鑑み、相当とされる限度を超える関わり合いを禁止しているという考え方。

基 若しくは
[もしくは]

☞又は／若しくは

民 持分 □□□
[もちぶん]

共有者が共有物の上に持つ権利のこと。持分は、各共有者とも同じと推定されている。各共有者は、単独で自己の持分を第三者に主張することができる。

商 持分会社
[もちぶんがいしゃ]

☞株式会社／持分会社

基 勿論解釈 □□□
[もちろんかいしゃく]

類推解釈をすることが、常識上当然とされる場合の解釈のこと。たとえば、民法738条には「成年被後見人が婚姻をするには、その成年後見人の同意を要しない」とあり、被保佐人についての規定はないが、成年被後見人が成年後見人の同意を要しないという規定から、当然に、被保佐人は保佐人の同意を要しないと解釈するのが、勿論解釈の例である。

民 物 □□□
[もの]

有体物のこと。固体・液体・気体は、すべて物である。

憲 門地 □□□
[もんち]

家柄や血統など、人の出生によって当然に生じる社会的地位のこと。

や行

民 約定担保物権
[やくじょうたんぽぶっけん]
☞法定担保物権／約定担保物権

民 約定利率
[やくじょうりりつ]
☞法定利率／約定利率

憲 薬局の適正配置規制 □□□
[やっきょくのてきせいはいちきせい]
職業の自由に関する憲法上の論点のひとつ。判例は、「薬局の適正配置規制は、主として国民の生命及び健康に対する危険を防止するための消極規制であり、その必要性と合理性を認めることができないから、違憲である」とした。

民 結納 □□□
[ゆいのう]
婚約したときに当事者間で交わす金品のこと。判例によれば、結納は、婚姻の成立を確証するとともに、当事者間の情宜を厚くする目的で授受される一種の贈与である。婚姻が解消された場合には、原則として返還すべきものであるとされる。

民 有益費
[ゆうえきひ]
☞必要費／有益費

民 有償契約／無償契約 □□□
[ゆうしょうけいやく／むしょうけいやく]
①有償契約とは、互いに対価としての支出を伴う契約のこと。代表例は、売買契約。
②無償契約とは、対価を支払う必要のない契約のこと。代表例は、贈与契約。

民 有名契約
[ゆうめいけいやく]
☞典型契約／有名契約

商 有利発行 □□□
[ゆうりはっこう]
株式会社において、新株または新株予約権を引受人にとって特に有利な価格で発行すること。有利発行が行われると、他の株主の持分が希薄化するため、株主総会の特別決議が必要となる。株主総会の特別決議を採らない場合、株主は株式会社に対し、発行の差止めを請求できる。

民 用益物権 □□□
[ようえきぶっけん]
他者の土地を使用収益することができる物権のこと。地上権・永小作権・地役権・入会権がこれに含まれる。

民 要役地／承役地 □□□
[ようえきち／しょうえきち]
①要役地とは、地役権設定契約において、他人の土地を利用することで利益を受ける土地のこと。
②承役地とは、地役権設定契約において、他人の土地の便益のために利用される土地のこと。

民 養子
[ようし]
☞実子／養子

民 養子縁組 □□□
[ようしえんぐみ]
実際の血縁関係とは無関係に、法律上

の親子関係を発生させる契約のこと。養子縁組により、養子は養親の嫡出子としての身分を獲得する。養子縁組には、普通養子縁組と特別養子縁組がある。普通養子縁組の場合、養親は20歳以上でなければならず、養子となる者は、養親となる者の尊属であったり、年長者であったりしてはならない。

民 要式行為 □□□
[ようしきこうい]
意思表示が一定の方式に従って行われなければ効力が生じない法律行為のこと。一定の書面の作成や、その届出などが要求される場合が多い。たとえば、遺言は、民法の定める方式で行わなければならず、民法の定める方式に従わなければ、無効となる。

民 要物契約
[ようぶつけいやく]
☞諾成契約／要物契約

行 横出し規制
[よこだしきせい]
☞上乗せ規制／横出し規制

憲 予算 □□□
[よさん]
一会計年度における収入・支出の見積表のこと。国の予算は、行政府を拘束する準則であり、法律とは異なる特殊な法形式とされている。予算の作成は、内閣の専権とされている。予算は、国会の審議を受け、議決を経なければならず、衆議院に先議権がある。そのため、内閣総理大臣が、内閣を代表して衆議院に提出する。

憲 予備費 □□□
[よびひ]
予見しがたい予算の不足に充てるた

め、国会の議決に基づいて設け、内閣の責任で支出する経費のこと。

ら行～

商 **利益準備金**
［りえきじゅんびきん］
☞資本準備金／利益準備金

民 **利益相反行為** □□□
［りえきそうはんこうい］
親権者とその子の利益が相反する行為
のこと。親権者が行った利益相反行為
は、無権代理となるため、親権者は、
その子のために特別代理人を選任する
よう家庭裁判所に請求しなければなら
ない。

商 **利益相反取引** □□□
［りえきそうはんとりひき］
取締役が、自己または第三者のために
会社と取引をすること。取締役が利益
相反取引をしようとするときは、取締
役会（取締役会がないときは株主総会）の
事前承認を得なければならない。利益
相反取引には、取締役と会社の直接取
引だけでなく、間接取引（例会社が取締
役の債務について第三者に保証をする）も
含まれる。

民 **履行遅滞・履行不能／不完全履行**
□□□
［りこうちたい・りこうふのう／ふかんぜんり
こう］
いずれも債務不履行のひとつ。
①履行遅滞とは、債務の履行が可能で
あるにもかかわらず、履行期を過ぎ
ても債務を履行しないこと。債権者
は、履行の強制・損害賠償請求・契
約の解除ができる。
②履行不能とは、債務の履行が、契約
その他の債務の発生原因及び取引上
の社会通念に照らして不能であるこ
と。履行不能には、後発的不能（例

契約成立後に目的物が滅失した場合）と
原始的不能（例契約成立前に目的物が
滅失した場合）がある。履行不能の場
合、債権者は、契約の解除や損害賠
償請求ができる。
③不完全履行とは、一応履行はしたも
のの、その内容が不十分なこと。米
10kgの注文に対して8kgしか納品さ
れない場合がこれにあたる。追完可
能な場合は履行遅滞、追完不可能な
場合は履行不能と同様の効果が生じ
る。

民 **履行補助者** □□□
［りこうほじょしゃ］
債務者が債務の履行のために使用する
者のこと。履行補助者の故意・過失に
より損害が生じた場合は、債務者が履
行補助者の活動により利益を得ている
ことから、債務者が責任を負うと考え
られている。

憲 **リコール**
［りこーる］
☞イニシアティブ／リコール／レファ
レンダム

民 **離縁** □□□
［りえん］
養子縁組を解消すること。協議離縁と
裁判離縁がある。裁判離縁の場合は、
離婚と同様、調停離縁→審判離縁→裁
判離縁という経過をたどる。
裁判離縁には、離縁原因が必要となる。
具体的には、①悪意の遺棄、②3年以
上の生死不明、③その他縁組を継続し
がたい重大な事由が、離縁原因となる。

民 離婚 □□□

[りこん]

夫婦の生存中に婚姻関係を解消すること。民法上は、協議離婚と裁判離婚がある。協議離婚が成立しない場合、まず調停離婚が試みられ（調停前置主義）、それも不成立の場合は、審判離婚も用意されている。そして、審判離婚も成立しない場合に、裁判離婚へと移行する。

裁判離婚が認められるためには、民法に定められた離婚原因が必要である。具体的には、①不貞行為、②悪意の遺棄、③3年以上の生死不明、④重度の精神病、⑤その他婚姻を継続しがたい重大な事由が、離婚原因となる。

憲 立憲主義 □□□

[りっけんしゅぎ]

国家権力は憲法による制約を受けるという考え方のこと。国家権力が暴走し、個人が生まれながらにして有する基本的人権を奪うことがないように制約する原理である。

憲 立憲的意味の憲法 □□□

[りっけんてきいみのけんぽう]

実質的意味の憲法のうち、立憲主義に基づく憲法のこと。立憲的意味の憲法の不可欠の要素は、人権保障と権力分立の原則である。フランス人権宣言の「権利の保障が確保されず、権力分立が定められていない社会は、憲法を持つものではない」という規定は、立憲的意味の憲法を意味する。

憲 立法権／司法権／行政権 □□□

[りっぽうけん／しほうけん／ぎょうせいけん]

①立法権とは、法律を制定する権能のこと。立法権は、国会に独占的に帰属する。憲法は、国会を「国権の最高機関」とし、「国の唯一の立法機関」

であるとする。

②司法権とは、具体的な争訟（争い・もめごと）に法を適用して裁定する国家作用に関する権能のこと。民事事件や刑事事件だけでなく、行政事件の裁判権も、司法権に含まれる。司法権は、最高裁判所と下級裁判所に帰属する。

③行政権とは、すべての国家作用のうち、立法権と司法権を除いたもののこと（控除説）。国家権力の活動は多岐にわたり、積極的な定義づけが事実上不可能なため、このように定義づけられている。行政権は、内閣に帰属する。

商 略式合併

[りゃくしきがっぺい]

☞簡易合併／略式合併

民 流質契約 □□□

[りゅうしちけいやく]

質権設定契約や債務弁済期前の契約において、質権者に弁済として質物の所有権を取得させるなど、法律に定める方法によらずに質権を実行することに合意する契約のこと。質権者は流質契約を締結できない。なお、債務弁済期後の契約によってこのような約定をすることは可能である。

民 留置権 □□□

[りゅうちけん]

他人の物の占有者が、その物に関して生じた債権を有するときに、その債権の弁済を受けるまで、その物を留置する権利のこと。公平の原理から法律上当然成立する法定担保物権である。たとえば、依頼を受けて時計を修理した業者は、依頼者が修理代金を支払うまで、その時計の引渡しを拒むことができる。

憲 両院協議会 □□□

[りょういんきょうぎかい]

予算の議決・条約締結の承認・内閣総理大臣の指名について、衆議院と参議院が異なった議決をした場合に、開催が義務づけられている協議会のこと。上記の事項について参議院が所定の期間内に議決しない場合は、直ちに衆議院の議決が国会の議決となり、両院協議会を開く必要はない。

基 両罰規定 □□□

[りょうばつきてい]

従業員が違法行為をして処罰される場合に、従業者自身だけでなく、その使用者や事業主をも処罰すること。

憲 臨時会

[りんじかい]

☞常会／臨時会／特別会

基 類推解釈 □□□

[るいすいかいしゃく]

本来、条文の文言に含まれない事項ではあるが、重要な点が似ているなどの理由から、条文と同じ効果を認めようという解釈のこと。民法などの私法では一般的に行われるが、刑法では、刑罰法規の適用を法文から予測される範囲よりも拡大し、行動の予測可能性を奪うことになるため、禁止されている。

基 レイシオ・デシデンダイ □□□

[れいしお・でしでんだい]

レイシオ・デシデンダイとは、英米法において、判決のうち、結論（主文）を導く上で必要な部分のこと。判決理由ともいう。判決の真の理由であるレイシオ・デシデンダイには、法的拘束力が認められている。

憲 令状主義 □□□

[れいじょうしゅぎ]

逮捕・捜索差押えなどの強制捜査は、現行犯の場合を除き、あらかじめ裁判官が発した令状に基づいて行わなければならないというルールのこと。人権侵害防止をその目的とする。

基 例示列挙

[れいじれっきょ]

☞限定列挙／例示列挙

憲 レファレンダム

[れふぁれんだむ]

☞イニシアティブ／リコール／レファレンダム

民 連帯債権・連帯債務 □□□

[れんたいさいけん・れんたいさいむ]

①連帯債権とは、性質上可分である債権について、複数の債権者各自が債務者に全部または一部の履行を請求する権利のこと。たとえば、A・B・Cの3人が共同して、甲に対して1,000万円を貸し付けたとすると、3人は、それぞれ甲に対して1,000万円全額の支払を請求できる。しかし、甲が3人のうちの誰かに1,000万円全額を支払うと、3人の債務はすべて消滅する。

②連帯債務とは、複数の債務者がそれぞれ独立して可分な同一内容の給付をすべて行う義務を負うが、債務者の誰かが給付をすれば、他の債務者も債務を免れるもののこと。たとえば、A・B・Cの3人が、甲に対して1,000万円の連帯債務を負ったとすると、3人は、いずれも甲に対して1,000万円全額を支払う義務を負う。しかし、3人のうちの誰かが1,000万円全額を支払うと、債務の内容は実現されたことになり、3人

の債務はすべて消滅する。

民 連帯の免除 □□□
[れんたいのめんじょ]

債権者が連帯債務者の1人に対して、その債務額を負担部分に限定し、それ以上は請求しないと宣言すること。連帯の免除は、他の連帯債務者には影響しない。他の連帯債務者は、依然として債務全額の弁済義務を負い続ける。

民 連帯保証 □□□
[れんたいほしょう]

保証人が主たる債務者と連帯して債務を保証すること。通常の保証と異なり、連帯保証人には、検索の抗弁権や催告の抗弁権がなく、分別の利益もない。

憲 労働基本権 □□□
[ろうどうきほんけん]

労使間において労働者を保護することを目的として憲法上認められた権利。労働者の団結権・団体交渉権・団体行動権からなる。労働基本権を規定する憲法28条は、私人間にも直接適用される。

民 和解／調停／仲裁 □□□
[わかい／ちょうてい／ちゅうさい]

①和解とは、当事者が互いに譲歩して、その間に存在する争いをやめるという合意をすること。当事者の合意内容を記載した調書（和解調書）には、確定判決と同一の効力が認められている。

②調停とは、第三者が当事者を仲介して、その紛争の解決を図ること。当事者が合意に達して初めて解決するのであって、第三者の案は、当事者を拘束しない。

③仲裁とは、当事者の合意に基づき、第三者の判断によってその当事者間の紛争を解決すること。調停と異なり、第三者の判断が当事者を拘束する。

商 割当自由の原則 □□□
[わりあてじゆうのげんそく]

募集株式引受けの申込みがあり、会社が、割当てを受ける者とその者に割り当てる募集株式の数を定める場合、会社は、その割当てを任意に決定できるという原則のこと。

科目別索引

憲　法

新しい人権	20
違憲審査権	20
一事不再議の原則	22
一事不再理の原則	22
一般職公務員／特別職公務員	23
イニシアティブ／リコール／レファレンダム	24
営業の自由	27
閲読の自由	27
恩赦	28
海外渡航の自由	29
会期	29
会期不継続の原則	29
会計検査院	29
外国移住の自由	29
外国人の人権	30
下級裁判所	31
閣議	31
学問の自由	32
間接適用説	37
議院内閣制／大統領制	39
議員の資格に関する裁判権	39
議院の自律権	39
規則制定権	42
基本的人権	42
教育を受ける権利	43
教科書検定	43
居住・移転の自由	49
勤労者	50
勤労の義務	49
経済的自由	50
形式的意味の憲法／実質的意味の憲法	51
刑事補償請求権	51

刑罰不遡及の原則／事後法禁止の原則	51
検閲	53
憲法	55
憲法改正	56
憲法改正の限界	56
憲法尊重擁護義務	56
憲法の変遷	56
権力分立	57
公共の福祉	58
公衆浴場の配置規制	59
硬性憲法／軟性憲法	59
幸福追求権	61
公務員	61
公務員の争議行為	61
小売市場の許可制	62
国際協調主義	62
国事行為	62
国政調査権	62
国籍離脱の自由	62
国民主権／君主主権	62
国民審査	62
国務大臣の任免権	63
国会議員の総選挙	63
国会単独立法の原則	63
国会中心立法の原則	63
国家無答責の原則	63
固有の意味の憲法	64
雇用の自由	64
財産権	67
財政	68
財政民主主義	68
裁判官	68
裁判官の身分保障	69
裁判を受ける権利	69
歳費受領権	69

科目別索引

参議院の緊急集会	71	争議行為	101
自己決定権	73	総辞職	101
私人間効力	74	租税法律主義	104
思想及び良心の自由	75	大学の自治	106
司法権の限界	77	弾劾裁判所	110
司法権の独立	77	団結権・団体交渉権・団体行動権	110
司法権の範囲	78	地方自治の本旨	112
指紋の押捺	79	地方特別法	112
社会的身分	79	懲罰権	113
集会の自由	80	沈黙の自由	114
衆議院の解散／解散	80	通信の秘密	115
衆議院の優越	80	適正手続	116
自由権／社会権／参政権／受益権	80	党議拘束	118
私有財産制	81	統制権	119
主権	82	統治行為	120
酒類販売業の免許規制	83	投票価値の平等	120
常会／臨時会／特別会	84	特別裁判所	121
消極目的規制／警察的規制	85	内閣	125
召集	86	内閣総理大臣	125
条約	87	内閣不信任決議	125
職業選択の自由	88	内在的制約／政策的制約	125
除名	89	二院制	126
知る権利	90	二重の基準論	126
信教の自由	91	入国の自由／出国の自由／再入国の自	
人権の対国家性	91	由	126
人種	93	1人別枠方式	131
請願権	94	秘密選挙	131
税関検査	94	表現の事前抑制	132
政教分離原則	95	表現の自由	132
生存権	95	平等選挙	132
制度的保障	96	付随的審査制説／抽象的審査制説	134
積極目的規制	97	不逮捕特権	135
接受	97	普通選挙／制限選挙	136
摂政	97	部分社会	138
絶対的自由	97	プライバシーの権利	139
絶対的平等／相対的平等	98	文民	140
選挙権／被選挙権	98	平和主義	140
前国家的権利／後国家的権利	99	法人の人権	142
前文	99	法廷でメモを取る自由	143

科目別索引

報道の自由／取材の自由	144	公の施設	27
法の下の平等	144	外局	29
法律	144	確認／公証	31
法律上の争訟	145	瑕疵ある行政行為	32
法令違憲／適用違憲	145	瑕疵の治癒	33
明確性の理論	149	仮の義務付け	36
明白性の原則	149	仮の差止め	36
命令委任／自由委任	149	監視権	37
免責特権	150	関与の必要最小限度の原則	38
目的効果基準	150	関与の法定主義	38
門地	150	機関訴訟	39
薬局の適正配置規制	151	棄却裁決／却下裁決／認容裁決	39
予算	152	議決事件	40
予備費	152	規則	41
立憲主義	154	覊束行為／裁量行為	41
立憲的意味の憲法	154	覊束裁量行為／自由裁量行為	41
立法権／司法権／行政権	154	既判力	42
両院協議会	155	義務付けの訴え	42
令状主義	155	客観訴訟／主観訴訟	43
労働基本権	156	教示／補正	44
		行政機関	44

行政法

		行政救済法／行政作用法／行政組織法	
安全配慮義務	20		44
委員会	20	行政強制	44
意見陳述	20	行政計画	44
意見公募手続／パブリックコメント	20	行政刑罰／行政上の秩序罰／秩序罰	44
一部事務組合／広域連合	22	行政契約	45
一般概括主義	23	行政行為／事実行為	45
一般競争入札／指名競争入札／随意契		行政行為の職権取消し	45
約	23	行政行為の撤回	45
委任命令／執行命令／独立命令	25	行政事件訴訟	45
違法行為の転換	25	行政指導	46
違法性の承継	25	行政指導指針	46
訴えの併合	26	行政指導の中止請求	46
訴えの変更	26	行政主体	46
訴えの利益	26	行政上の強制執行	46
上乗せ規制／横出し規制	26	行政上の強制徴収	46
営造物の設置または管理の瑕疵	27	行政上の即時強制	46
公の営造物	27	行政庁	46

科目別索引

行政調査	47
行政手続法	47
行政罰	47
行政不服審査	47
行政不服審査会	47
行政立法	47
許可／認可／特許	48
許認可権	49
国地方係争処理委員会／自治紛争処理委員	50
訓令権	50
形式的当事者訴訟／実質的当事者訴訟	51
形成力	51
現業公務員／非現業公務員	53
権限の委任・権限の代理	53
原告適格／被告適格	53
原処分主義／裁決主義	54
合議制／独任制	57
公共用財産	58
公共用物／公用物／公物	58
抗告	58
抗告訴訟	58
拘束力	60
公聴会	60
公定力	60
告示	62
告知と聴聞の権利	62
国家賠償制度／損失補償制度	63
再議	65
裁決	65
裁決の取消しの訴え	65
財産区	67
裁断行為	68
裁量権の逸脱・裁量権の濫用	70
差止めの訴え	71
参与機関／諮問機関	72
事実上の公務員の理論	73
事情裁決	74

事情判決	74
自然公物／人工公物	74
自治事務／法定受託事務	75
執行機関	75
執行停止	76
執行罰	76
執行不停止の原則	76
指定管理者	76
指定都市／中核市	77
事務の監査請求	78
釈明処分の特則	79
自由選択主義／審査請求前置主義	81
住民	81
住民監査請求	81
住民監査請求前置主義	81
住民自治／団体自治	82
住民訴訟	82
住民の直接請求権	82
授益的行政行為／侵害的行政行為	82
条例	88
職務質問	88
所持品検査	88
職権証拠調べ	89
処分	89
処分性	89
処分庁	89
処分等の求め	89
処分の取消しの訴え	89
自力執行力	90
侵害留保説	90
審査基準／処分基準	92
審査請求／再調査の請求／再審査請求	92
審査請求の取下げ	92
申請／届出	93
審理員	93
請求の基礎	95
税務調査	96
先願主義	98

専決／代決	99	不作為	134
相互保証主義	101	不作為の違法確認の訴え	134
即時強制	103	負担	135
訴訟要件	104	普通地方公共団体／特別地方公共団体	
存否応答拒否／グローマー拒否	105		136
代位責任説	106	普通地方公共団体の長	136
第1号法定受託事務・第2号法定受託		不服申立て	138
事務	106	不服申立資格	138
代執行	107	不服申立適格	138
対世的効力／第三者効	108	不利益処分	139
地域自治区	111	弁明書	141
地方公共団体	111	弁論主義	141
地方公共団体の組合	112	法規命令／行政規則	141
懲戒処分	113	法律行為的行政行為／準法律行為的行	
町村総会	113	政行為	144
長の専決処分	113	法律効果の一部除外	145
長の不信任の議決	113	法律による行政の原理	145
聴聞調書／報告書	114	法律の留保の原則	145
聴聞／弁明の機会の付与	113	補助機関	146
直接強制	114	民衆訴訟	148
通達	115	無効等確認の訴え	148
定例会	116	命令的行為／形成的行為	149
撤回権の留保／取消権の留保	117	命令等	149
撤廃	117		

民 法

当事者訴訟	119	悪意／善意	20
特殊法人	120	遺言	21
特別区	121	遺言執行者	21
独立行政委員会	122	遺言能力	21
都市計画	122	遺産分割	21
取消訴訟	123	遺産分割前の預貯金債権の行使	21
内閣総理大臣の異議	125	意思主義	21
内閣府	125	意思能力／事理弁識能力	21
認可地縁団体	127	意思表示	21
認証	127	遺贈／死因贈与	21
標準処理期間	132	遺贈の放棄	22
比例原則	132	委託を受けた保証人・委託を受けない	
不可争力／形式的確定力	133	保証人	22
不可変更力／自縛力	133	一物一権主義	23
附款	133		

科目別索引

一括競売	23	共通錯誤	47
逸失利益／得べかりし利益	23	共同遺言	47
一般財産／責任財産	23	共同不法行為	47
一般承継／包括承継／特定承継	23	共同保証	48
囲繞地通行権	24	強迫による意思表示	48
囲繞地／袋地	24	共有	48
委任	24	共有の弾力性	48
入会権	25	共有物不分割特約	48
遺留分	25	共有物分割	48
遺留分侵害額請求権	25	虚偽表示／通謀虚偽表示	49
姻族	25	寄与分／特別寄与料	49
請負	26	金銭債権	49
永小作権	27	口授	50
援用	27	組合契約	50
外形理論	29	契約	51
解除	30	契約上の地位の移転	52
解除条件／停止条件	30	契約締結の自由	52
解除の不可分性	31	契約不適合責任	52
買戻しの特約	31	血族	52
解約手付／違約手付／証約手付	31	権限・権原	53
確定期限／不確定期限	31	検索の抗弁権／催告の抗弁権	53
瑕疵	32	原始取得／承継取得	54
瑕疵ある意思表示	32	現実の提供／口頭の提供	54
果実	32	現実の引渡し／簡易の引渡し	54
過失責任の原則	32	原始的不能	54
過失相殺	32	原状回復義務	54
元本の確定	38	現存利益	55
管理不全土地管理人／所有者不明土地		検認	55
管理人	38	現物分割／代金分割／賠償分割	55
期限／条件	40	顕名	56
危険責任／報償責任	40	権利外観法理	56
期限の定めのない債務	40	権利能力	56
危険負担	41	権利能力なき社団	57
既成条件	41	権利能力平等の原則	57
帰責事由	41	権利の濫用	57
寄託	42	行為能力	57
客観的関連共同	43	更改	57
求償	43	後見開始の審判	58
供託	47	後見監督人	58

交叉申込み	58	差押え	71
行使上の一身専属権	59	指図による占有移転	71
公示の原則	59	詐術	71
公序良俗／公の秩序または善良の風俗		詐称代理人	71
	59	敷金	72
公信力	59	事業に係る債務についての保証契約の	
後発的不能	60	特則	72
抗弁権	61	時効	73
個人貸金等根保証契約	63	時効の完成猶予	73
個人根保証契約	63	時効の更新	73
婚姻	64	時効の利益の放棄	73
婚姻意思	64	自己契約／双方代理	73
婚姻適齢	64	事実的因果関係／相当因果関係	74
婚姻の取消し・婚姻の無効	64	使者	74
混同	64	自主占有／他主占有	74
債権者主義／債務者主義	65	自然人	75
債権者代位権	65	下請負	75
債権者代位権の転用	66	質権	75
債権者遅滞／受領遅滞	66	実子／養子	76
債権者取消権／詐害行為取消権	66	失踪宣告	76
債権譲渡	66	私的自治の原則	77
債権の相対性／物権の絶対性	67	自働債権／受働債権	77
債権／物権	65	事務管理／緊急事務管理	78
催告	67	借地権	79
催告権	67	集合債権譲渡担保・集合動産譲渡担保	
財産分与請求権	67		80
再代襲相続	68	重婚	81
裁判上の請求	69	住所／居所／仮住所	81
債務	69	授権行為	82
債務超過	69	出生	83
債務の履行／弁済	69	取得時効／消滅時効	83
債務引受	69	主物／従物	83
債務不履行	69	種類債権／特定物債権	83
債務免除／免除	69	種類債権の特定	83
詐害行為	70	準消費貸借	84
先取特権	70	準正	84
詐欺による意思表示	70	使用者責任	86
錯誤	70	使用貸借	86
錯誤による意思表示	70	承諾	86

科目別索引

承諾の通知を必要としない契約	86
譲渡担保	87
承認	87
消費貸借	87
情報提供義務	87
除斥期間	89
書面でする消費貸借	89
書面による贈与・書面によらない贈与	90
所有権	90
信義誠実の原則（信義則）	91
親権	91
親権喪失制度／親権停止制度／管理権喪失制度	91
心神喪失	93
人的担保／物的担保	93
信頼関係破壊理論	93
心裡留保	94
随意条件	94
推定相続人	94
推定の及ばない子	94
随伴性	94
請求	95
制限行為能力者	95
生前贈与	95
正当防衛／緊急避難	95
成年後見人・成年被後見人	96
成年／未成年	96
責任能力	96
絶対的効力／相対的効力	97
選択債権	99
占有	100
占有回収の訴え	100
占有改定	100
占有訴権	100
占有保持の訴え	100
占有保全の訴え	100

善良なる管理者の注意義務（善管注意義務）／自己の財産に対するのと同一の注意義務	100
相殺	101
相殺適状	101
造作買取請求権	101
相続	101
相続回復請求権	102
相続欠格事由	102
相続順位	102
相続による権利の承継の対抗要件	102
相続分取戻権	102
双務契約／片務契約	103
贈与	103
相隣関係	103
即時取得／善意取得	103
訴訟告知義務	104
損益相殺	104
損害賠償額の予定	104
対抗	106
第三者のためにする契約	107
第三者弁済	107
胎児	107
代襲相続	107
代償請求権	107
代諾縁組	108
代物弁済	108
代理	108
代理権	108
代理権の濫用	108
代理占有／間接占有	109
諾成契約／要物契約	109
建物明渡猶予制度	109
建物買取請求権	109
他人効	109
他人物売買	109
短期賃貸借	110
単純承認／限定承認／相続放棄	110
担保物権	111

地役権	111	土地の工作物	122
遅延賠償／塡補賠償	111	取消し／無効／撤回	123
地上権	111	内縁	125
父を定める訴え	111	認知	127
嫡出子／非嫡出子（嫡出でない子）	112	認知準正／婚姻準正	127
嫡出否認の訴え／親子関係不存在確認		認知請求権	127
の訴え	112	認知の訴え	127
中間利息の控除	113	根抵当権	127
賃借権の譲渡／転貸	114	根保証契約	127
賃貸借	114	配偶者居住権・配偶者短期居住権	128
追完請求権	115	廃除	128
追認	115	背信的悪意者	128
通常損害／特別損害	115	排他性	128
定型約款	115	売買契約	128
抵当権	115	反対債権	129
抵当権者の同意により賃借権に対抗力		被害者側の過失の法理	129
を与える制度	116	引換給付判決	130
抵当権消滅請求／代価弁済	116	非債弁済	130
抵当権の消滅	116	非占有担保物権	130
手付	117	被担保債権	130
手付流しによる解除・手付倍返しによ		必要費／有益費	130
る解除	117	被保全債権	131
典型契約／有名契約	117	表見相続人	131
典型担保物権／非典型担保物権	118	表見代理	132
転質	118	夫婦間の契約	132
転得者	118	夫婦財産制	132
転用物訴権	118	付加一体物	133
登記請求権	118	不可分性	133
動機の錯誤	118	復委任	133
動産質／不動産質	119	復代理人	134
動産／不動産	119	付合／加工／混和	134
同時死亡の推定	119	付従性	134
到達主義／発信主義	119	不真正連帯債務	134
盗品または遺失物の回復	120	負担付贈与	135
特定財産承継遺言	120	普通失踪／特別失踪	135
特定物／不特定物／種類物	120	普通養子縁組／特別養子縁組	136
特別縁故者	121	復帰的物権変動	136
特別受益者	121	物権的請求権	136
土地工作物責任	122	物権的返還請求権	137

物権的妨害排除請求権	137	物	150
物権的妨害予防請求権	137	結納	151
物権変動	137	有償契約／無償契約	151
物権法定主義	137	要役地／承役地	151
物上代位性	137	用益物権	151
物上保証	137	養子縁組	151
不動産の二重譲渡	137	要式行為	152
不当利得	138	利益相反行為	153
不法原因給付	138	離縁	153
不法行為	139	履行遅滞・履行不能／不完全履行	153
不法条件／不能条件	139	履行補助者	153
扶養義務・扶助義務	139	離婚	154
分割債権・分割債務／不可分債権・不		流質契約	154
可分債務	139	留置権	154
分別の利益	140	連帯債権・連帯債務	155
併存的債務引受／免責的債務引受	140	連帯の免除	156
弁済による代位／代位弁済	141	連帯保証	156
弁済の提供	141	和解／調停／仲裁	156

商法・会社法

忘恩行為	141		
法定相続分／指定相続分	142	一時取締役／仮取締役	22
法定代位／任意代位	142	一方的商行為／双方的商行為	24
法定代理／任意代理	143	運送営業	26
法定担保物権／約定担保物権	143	営業的商行為／絶対的商行為／附属的	
法定地上権	143	商行為	26
法定追認	143	会計監査人	29
法定利率／約定利率	143	会計参与	29
法律行為	144	会計帳簿	29
保佐開始の審判	146	会社の機関	30
保佐人／被保佐人	146	会社の成立	30
保証	146	会社分割	30
補助開始の審判	146	合併	33
補助人／被補助人	147	合併無効の訴え	33
保存行為／管理行為	147	株券	33
未成年後見人	148	株式	33
無権代理	148	株式会社／持分会社	34
無主物の先占	149	株式買取請求権	34
無資力要件	149	株式交換／株式移転	34
申込み	150	株式交付	34
持分	150		

株式譲渡自由の原則	34	資本多数決の原則／1株1議決権の原則	78
株主	35	指名委員会／監査委員会／報酬委員会	78
株主総会	35	指名委員会等設置会社	79
株主代表訴訟／責任を追及する訴え	35	社外取締役	79
株主提案権	35	社債	80
株主平等の原則	35	準備金	84
株主名簿	35	場屋営業者	84
株主名簿の名義書換え	35	商慣習	84
簡易合併／略式合併	36	商業使用人	85
監査	36	商業登記	85
監査委員	37	商号	85
監査等委員会	37	商行為	85
監査役	37	商号自由主義	85
監査役会	37	商号単一の原則	85
間接有限責任／直接無限責任・直接有限責任	38	商号の譲渡	85
機関設計	39	譲渡制限株式	86
議決権制限種類株式	40	譲渡制限種類株式	86
議決権の代理行使	40	商人	87
擬似発起人	41	商人間の売買	87
基本的商行為	42	剰余金	88
吸収合併／新設合併	43	所有と経営の分離	90
競業避止義務	43	新株予約権	90
決議取消しの訴え	52	絶対的記載事項／相対的記載事項／任意的記載事項	97
決議不存在確認の訴え	52	設立時取締役	98
決議無効確認の訴え	52	設立時発行株式	98
現物出資	55	設立無効／会社の不存在	98
公開会社／非公開会社（公開会社でない株式会社）	57	総会検査役	101
合資会社／合名会社／合同会社	59	創立総会	103
固有の商人／擬制商人	64	組織再編	104
財産引受け	67	組織変更	104
自益権／共益権	72	大会社	106
事業譲渡／営業譲渡	72	代表執行役	108
執行役	76	代表取締役	108
支配人	77	代理商	108
資本金	78	妥当性監査／適法性監査	109
資本準備金／利益準備金	78	単元株制度	110

単元未満株式	110
単独株主権／少数株主権	111
中間配当	112
忠実義務	113
直接取引／間接取引	114
定款	115
締約代理商／媒介代理商	116
問屋営業	118
特別取締役	122
匿名組合契約	122
取締役	123
取締役会	123
取締役会設置会社	123
取締役会の専決事項	123
取締役会のみなし決議	124
名板貸人・名板借人	125
内部統制システム	126
仲立営業	126
発行可能株式総数	128
表見支配人	131
表見代表取締役	131
普通株式／種類株式	135
普通決議／特別決議／特殊決議	135
変態設立事項	141
募集株式	146
募集新株予約権	146
発起設立／募集設立	147
発起人	147
有利発行	151
利益相反取引	153
割当自由の原則	156

基礎法学・基礎知識

一般法／特別法	24
英米法／大陸法	27
及び／並びに	28
拡大解釈・拡張解釈／縮小解釈	31
家庭裁判所	33
簡易裁判所	36

慣習法	37
官報	38
強行規定／任意規定	43
禁反言の法理	49
限定列挙／例示列挙	55
公告	58
構成要件該当性	60
高等裁判所	60
口頭弁論	60
公判前整理手続	61
公布／施行	61
罪刑法定主義	65
最高裁判所	67
裁判	68
裁判外紛争解決手続／ADR	68
三審制	71
自然法思想／法実証主義	75
実体法／手続法	76
渉外事件	84
上告	86
条理	88
職業裁判官制度／法曹一元制度	88
人事訴訟	93
推定する／みなす	94
成文法／不文法	96
政令／省令／内閣府令	96
絶対的不定期刑	98
属地主義・属人主義	103
地方裁判所	112
適用／準用	117
デュープロセス条項	117
特別法優先の原則	122
判決／決定／命令	129
判決理由	129
反対解釈	129
判例	129
判例法主義／成文法主義	129
法	141
法源	142

法人	142
法人法定主義	142
法テラス	144
法の解釈	144
法律不遡及の原則	145
補強法則	145
又は／若しくは	148
勿論解釈	150
両罰規定	155
類推解釈	155
レイシオ・デシデンダイ	155

●編著者紹介●
竹井　弘二（たけい・こうじ）
行政書士、1級FP技能士、宅地建物取引士、産業カウン
セラー
慶應義塾大学大学部卒業。LEC東京リーガルマインド講師
を経て、IT系企業に転職をし、法務・総務を担当。2011
年に創業支援などを行う株式会社ルミノーゾ・パートナー
ズを設立する。2012年に資格試験対策講座や企業研修など
を行う株式会社シープを設立する。2017年からは一般社団
法人ルミノーゾにて障がい者の方の就労支援も行う。

企画原案　水　田　嘉　美
装　　丁　やぶはな あきお

ケータイ行政書士 法律用語　第2版

2025年4月28日　第1刷発行

編著者　竹　井　弘　二
発行者　株式会社　三　省　堂
代表者　瀧本多加志
印刷者　大日本法令印刷株式会社
発行所　株式会社　三　省　堂
〒102-8371　東京都千代田区麴町五丁目7番地2
電　話　編集　(03) 3230-9411
https://www.sanseido.co.jp/
<2版ケータイ行政書士用語・176pp.>

© K. Takei 2025　　　　　　　　　Printed in Japan
落丁本・乱丁本はお取り替えいたします。
ISBN978-4-385-32580-4
本書の内容に関するお問い合わせは、弊社ホームページの「お問い合
わせ」フォーム (https://www.sanseido.co.jp/support/) にて承ります。

本書を無断で複写複製することは、著作権法上の例外を除き、禁じられ
ています。また、本書を請負業者等の第三者に依頼してスキャン等によっ
てデジタル化することは、たとえ個人や家庭内での利用であっても一切
認められておりません。